Au Père de mes enfants, un PRÊTRE

Héloïse Bis

Au Père de mes enfants, un PRÊTRE

MYOSOTISSIM

Le Code de la propriété intellectuelle interdit les copies ou reproductions destinées à une utilisation collective. Toute représentation ou reproduction intégrale ou partielle faite par quelque procédé que ce soit, sans le consentement de l'auteur ou de ses ayants cause, est illicite et constitue une contrefaçon sanctionnée par les articles L.335-2 et suivants du Code de la propriété intellectuelle.

© 2009, Héloïse Bis
Edition : Books on Demand, 12/14 rond-point les Champs Elysées, 75008 Paris
Impression : Books on Demand, 22848 Norderstedt, Allemagne
ISBN : 978-2-8106-1121-8

Dépôt légal : décembre 2009

À celui qui se reconnaîtra,
À nos enfants, ces cadeaux du Ciel,
À P et I, mes beaux-parents à qui j'aimerais tant présenter nos enfants,
À toutes celles et tous ceux dont l'amour est blessé,
À l'Eglise du Christ que j'appelle à se réformer.

Remerciements :

Au prêtre et professeur de théologie qui, un jour, larmoyante, m'a accueillie : son regard et son écoute m'en ont dit long sur le merveilleux amour de Dieu pour nous !

Au guide spirituel qu'il m'a conseillé et qui depuis m'aide à cheminer : j'ose le considérer comme un ami.

À tous les amis qui savent être là et respecter mon désir d'anonymat.

À celles et ceux qui m'ont relue.

« Il y a une chose qui est tout le tragique de la vie [...], c'est que nous ne sommes que des moitiés. Depuis qu'on a commencé à bâtir des maisons et des villes, à inventer la roue, on n'a pas avancé d'un pas vers le bonheur. On est toujours des moitiés. Tant qu'on invente dans la mécanique et pas dans l'amour on n'aura pas le bonheur. »
Jean le Bleu
Jean Giono, 1932

« Beshrew your eyes,
They have o'erlook'd me and divided me ;
One half of me is yours, the other half yours,
Mine own, I would say ; but if mine, then yours.
And so all yours. »

« Maudits soient vos yeux ! Ils m'ont enchantée et partagée en deux moitiés : l'une est à vous, l'autre est à vous... à moi, voulais-je dire : mais, si elle est à moi, elle est à vous, et ainsi, le tout est à vous. »

The Merchant of Venice
Le Marchand de Venise
Shakespeare, 1596
Acte III, scène II

« Le sabbat est fait pour l'homme et non l'homme pour le sabbat. » *Jésus l'ami déroutant*, Francis Deniau, DDB, 2002, p.114, reprenant à son compte une parole du Christ.

Préface

Ecrire contre : une prise de risques.
S'offrir à la critique – logique
Risquer sa vie, celle des aimés
Nuire au dénoncé : ici l'Eglise Catholique
Quand rien ne dit que le discours tenu soit entendu
Au contraire, les dictatures manient le durcissement des postures
Quand je voudrais sur des réformes la voir « plancher » dur !

Pourtant, je choisis de venir bien humblement inscrire mon pseudonyme à la longue liste des partisans d'une rénovation en profondeur de l'Eglise, en « petite fleur sans prétention », telle que tu m'avais un jour décrite.

Que le lecteur ne s'étonne pas de l'irruption de cette seconde personne du singulier : ce livre est d'abord et avant tout une longue lettre d'amour à l'homme que j'aime. Au moins, la tâche d'espionnage des bœufs carottes du Vatican s'en verra considérablement simplifiée !

Il prend aussi sa source dans un profond désir de vérité, dans une quête de sens non aboutie, qui m'amène à souhaiter porter à la lumière mon témoignage anonyme en espérant qu'il pourra toucher des cœurs, y compris au sein même de la Curie.

« J'accuse ! » certes, mais j'en suis d'autant plus atteinte et peinée moi-même que je dénonce l'Eglise du Christ que j'aime. Alors puisse « mon coup de gueule » (expression en hommage au Père Guy Gilbert, à qui je demande de ne pas remettre de col romain : ça lui va si mal ! Boutade à prendre au second degré, dans son sens métaphorique) servir pour un abandon de son fonctionnement dans la toute-puissance, pour un total renouveau, une réforme en profondeur afin que l'Amour du Christ, cette merveille des merveilles, soit la seule boussole qui la guide.

Lecteur, qui que tu sois, un mot quand même, rien que pour toi, car j'en suis sûre : « Tu es aimé ! ».

23 mai 2007

Mon Amour,

Ce soir, je me couche après avoir donné tous tes vêtements à la Croix Rouge. Je n'ai gardé que ton peignoir pour m'en servir, comme je l'avais déjà fait par le passé, en ton absence. En le posant sur ma couette, le temps de réchauffer mon lit, je constate qu'il reste un petit poil prisonnier du tissu. Voilà ce qu'il me reste de toi… Témoin du passé, de notre amour auquel tu choisis de renoncer, pour suivre Dieu dis-tu. Et il ne m'appartient pas de juger de la validité ou non de ta démarche : « Dieu seul est juge »…

Pourtant, abandonner sa femme mais plus encore ses enfants apparaît bien étrange : comment ces enfants vont-ils grandir sans père ? Avec quelles représentations de la fonction paternelle ? Et comment aimer Dieu qui nous a appris à dire « Père » quand son propre père est défaillant ? Ne L'aime-t-on que plus ? Ou se met-on au contraire à Le rejeter ? Ta prière nous accompagne, je n'en doute pas et Dieu saura entendre la pureté de ta recherche, quand bien même elle ne serait éventuellement pas conforme à Sa demande. Car enfin, est-ce que s'arc-bouter sur ses vœux, sur son ordination, après 17 ans d'amour et de fidélité à une femme, ne constitue pas une sorte de déni de la vérité, du passé ?

Quoique tu fasses, et même si des sbires du Vatican nous faisaient passer de vie à trépas, notre amour et l'existence de nos enfants pourraient être attestés de bien des manières : par des amis, des écrits, des photos et même par des messages téléphoniques enregistrés par les services du… Vatican. (Et que tu as eu le grand privilège d'écouter devant témoins – à charge !! Je ne fais que te citer.) Alors pourquoi nous rejettes-tu ? Pourquoi ce retour à l'orthodoxie vaticano-vaticane ? Te fait-on subir des pressions ? De quel genre ? Tu craignais déjà tellement pour notre sécurité… Pourquoi ? T'a-t-on fait un lavage de cerveau ou te sens-tu obligé de te plier au courant dominant, toi pourtant naguère si fier de ta liberté de pensée ? N'était-elle qu'apparente ? Je n'y crois pas ! N'est-ce qu'une tactique pour mieux tenter de participer à une rénovation de l'Eglise de l'intérieur ? (Elle en a bien besoin !) En donnant le change ?

Ou vis-tu un écartèlement tel que tu n'en peux plus, fatigué des pressions internes et de la difficulté à nous rejoindre et à vivre la conjugalité et la parentalité sereinement ? (J'emploie délibérément le jargon des gens d'Eglises – catholiques et protestants au moins.)

J'avoue ne plus te reconnaître en te lisant. Tu sembles un animal traqué, malmené. La personne apparemment en cause, c'est moi. Tu écris avoir vécu dans le péché mais en fait ce sont tes accusateurs qui donnent la chasse… Chasse aux sorcières, à la femme qui a induit un séminariste puis prêtre dans le « péché ».

Mais comment peut-on si grandement célébrer l'amour humain dans le mariage et la famille et en même temps cracher sur les femmes et les enfants de prêtres ?

Ces enfants sont nés d'un amour vrai que je refuse de renier et de rabaisser au rang de péché comme tu l'écris. C'était un amour non reconnu certes mais vécu en conscience devant Dieu. D'ailleurs, lorsque je me plaignais de cette absence d'officialisation, tu me rappelais toujours que ce qui comptait, c'était d'avoir agi en conscience devant Dieu. Et alors, cette double vie ne te posait pas de problèmes.

Je n'arrive donc pas à m'expliquer un tel revirement, sinon comme une fuite en avant, comme la seule apparente issue viable pour rester au sein de l'Eglise, ce qui donne sens à ta vie.

Il ne te reste que la prière pour t'occuper de nous. C'est à la fois peu et énormément. D'où mon espoir pour les enfants. Car moi je peux accepter ton choix par amour ; un amour qui voudrait bien partager ta vie mais qui est assez grand pour te laisser libre. Mais pour ta descendance, c'est différent.

Tu vois, avant de me coucher, j'ai regardé une émission sur Paris (« Des Racines et des Ailes ») dans laquelle des images de synthèse nous faisaient revivre le Paris du Moyen Age. J'imaginais aisément Abélard y déambulant et rencontrant la belle Héloïse... Comme l'histoire semble se répéter ! Sauf que je ne suis pas aussi belle – En outre, si je l'étais, je dirais comme *La Petite Fadette* de George Sand : « Pour moi, si j'étais belle, je ne voudrais le paraître et me rendre aimable qu'à celui qui me conviendrait. » –, et que tu ne pourras pas décider de m'enfermer dans un couvent ! Ouf ! Je peux vivre seule décemment et élever nos enfants sans honte. Certes je suis classée dans les familles monoparentales – rien de nouveau de toutes les façons puisqu'avant même ton reniement la situation officielle était celle-là-, mais ça ne me fait ni chaud ni froid. J'assume gaillardement avec la foi chevillée au corps. Quand bien même j'aurais péché, comme le déclarent les canons de l'Eglise, j'aurais le cœur léger car « à celui qui a beaucoup aimé, il lui sera beaucoup pardonné ». Et je t'ai effectivement beaucoup aimé (et t'aime toujours si tu veux savoir !). Pas d'un amour qui rechercherait la satisfaction d'une libido – à vrai dire dans ce domaine aussi, nous avons connu nos heures de gloire et je pourrai citer Shakespeare, dans *Othello*, pour expliquer la résistance au temps de feu notre bonheur : « Quand le sang est amorti par l'action de la jouissance, pour l'enflammer de nouveau et pour donner à la satiété un nouvel appétit, il faut une séduction dans les dehors, une sympathie d'années, de manières et de beauté [...]. »Et il est vrai qu'avec toi, il n'est pas difficile de se laisser fasciner par ta beauté ! Tu as tant de charme ! De plus, tes talents d'orateur (qui me font tellement défaut !) m'ont plus d'une fois fléchie, même au cœur de l'Auvergne - tu te souviens ? – inventant et déclamant des poèmes à l'Aimée... Après tout de même, tu t'en souviens, s'être imposé 6 ans de chasteté - nos fiançailles en quelque sorte. Moi j'ai goûté à travers cet amour merveilleux, et son expression tout aussi enflammée, l'Amour de Dieu qui permet à l'humain une telle rencontre prodigieuse, entre un homme et une femme. J'y vois toujours un cadeau suprême de Dieu pour nous parler de son Amour, sûrement tellement plus beau, tellement plus grand, tellement plus pur. C'est pour cette raison que je refuse ta vision de notre amour comme d'un péché. Rencontre-t-on Dieu dans le péché ?? Après tout, oui sans doute ; sinon on ne le rencontrerait jamais, la vie humaine en étant tellement remplie. Bon d'accord je ne serai jamais théologienne !!

En tout cas, péché ou pas, Dieu a permis que nous ayons de merveilleux enfants, nés à des dates fortes du calendrier liturgique, ce qui pour moi constitue un signe de sa présence, sachant que nous n'avions rien calculé de la sorte. Je les ai toujours reçus comme de véritables « cadeaux du Ciel ».

D'ailleurs, t'appartient-il bien de dire « là est le péché, là est la vérité » ? Dieu seul est juge et Lui seul peut donc en juger. L'Eglise-institution ne va-t-elle pas trop loin ? Des portes s'ouvrent – retraites, temps de rencontre, de réflexion etc.– pour les divorcés et les divorcés remariés (Il reste du chemin à parcourir sur le fond de la question, j'en conviens, mais au moins une démarche est amorcée. Les personnes concernées sont reconnues dans leur souffrance qui est entendue). Et les épouses de prêtres, elles, restent toujours comme des damnées, des parias !! Pourquoi s'acharner à transformer en laideur ce qui est beau et finalement si simple ? N'est-ce pas là l'erreur ? (J'aurais presque envie de dire « le péché » mais moi aussi je peux me tromper.) Condamner ? Toujours condamner ? Dénoncer à la vindicte non plus populaire mais catholique ?

Je t'aime d'un amour libre puisque je sais maintenant qu'il n'y a plus rien à espérer. D'un amour qui te veut du bien : celui de t'épanouir en faisant la volonté de Dieu. Oui de ta vocation sacerdotale, je suis aussi convaincue que toi (tu le sais depuis longtemps) ; du reniement de notre amour et de nos enfants, en revanche pas du tout, tu l'as bien compris !

Je pense pouvoir t'aimer d'un amour vrai et désintéressé : celui d'une femme qui n'attend rien pour elle-même de toi (sinon des prières) mais d'un amour tout de même insistant sur un point, celui de tes enfants auxquels tu n'as même pas envoyé un cadeau pour Noël ou leurs anniversaires, ni une lettre pour expliquer ton choix. Et presque pas un mot pour eux dans tes deux lettres, comme s'ils n'existaient pas, comme si ne pas les nommer allait les faire disparaître, et comme si le fait de ne plus communiquer avec nous allait te refaire une virginité ! Quand même ! Un peu de réalisme ! Pas besoin d'une enquête en recherche de paternité pour prouver la filiation ! Remarque que je pourrais bien ameuter la presse à scandale ! Mais non ! Quoiqu'il en soit de mes convictions face à l'Eglise-institution (peut-être que je me ferai tirer l'oreille par Saint Pierre !), je ne lui veux pas de mal car je vois tout de même en elle le prolongement de la volonté du Christ par rapport à Pierre sur qui Il a bâti son Eglise. Seulement Sa volonté est entre les mains d'hommes donc de pécheurs et le mal n'est pas forcément où on l'attend et où on le montre du doigt. Le Bon Grain et l'Ivraie… C'est tellement plus facile la pensée unique et l'assentiment à tout sous prétexte que le Pape l'a dit… Même que la colonisation en Amérique du Sud n'a pas fait de mal… C'est presque du nihilisme. J'aurais aimé en discuter avec toi mais maintenant que tu es, en apparence au moins, « reformaté », plus la peine d'espérer ! (Heureusement qu'il est revenu sur ses propos depuis !)

Ta petite,

31 mai 2007

Mon Amour,

Que deviens-tu ? Je suis inquiète pour toi ; ta dernière lettre semblait tellement une supplication ! (Supplication que je ne t'écrive plus, que je te laisse en paix.) Comme je crains que tu souffres : de ne plus avoir le droit de communiquer avec nous, de devoir refouler le plus loin possible ton amour pour nous, et donc de nier une partie de toi-même car je te sais un père très aimant, et je n'arrive pas à croire que tu ne m'aimes plus. Je t'entends encore me dire en août 2005, alors que moi j'étais totalement désabusée pour ne pas dire désespérée : « Quoi qu'il arrive, reste-moi fidèle. Je t'aime, tu es ma femme. Donne-moi trois ans. » Ces paroles résonnent encore à mes oreilles avec une acuité telle que je crois t'entendre et sentir encore la densité de ta voix et la force de ta demande. Mais à ce moment-là, je n'avais pas compris. J'étais trop mangée par ma souffrance, trop engluée à force de ne rien voir avancer, de constater même la détérioration de nos conditions de vie... Tu étais de plus en plus stressé, occupé à temps plein même pendant cette période de soi-disant vacances, t'enfermant le plus clair du temps dans le bureau en compagnie de ton ordinateur portable. J'ai même écrit quelques poèmes pour me plaindre auprès de toi ! Etait-ce bien pour travailler ou pour t'isoler plutôt, tellement la pression que tu supportais se faisait intolérable ? Etait-ce pour ne pas nous faire souffrir ? Je te sentais si bizarre et je n'ai pas su t'écouter ; je n'ai entendu que ma souffrance et t'ai envoyé « paître », te disant que si c'était cela les vacances, ce n'était pas la peine de revenir... Comme je m'en veux rétrospectivement d'avoir été si égoïste ! Et c'est toi qui me demandes pardon de t'avoir fait souffrir !

Et maintenant, que deviens-tu ? Oui, tu es fort psychologiquement mais combien de temps tiendras-tu ? Est-ce que mon silence au moins, et la distance entre nous – absence de visites, de coups de fil, de correspondances papier et via internet – restaurera un climat plus serein autour de toi ? Va-t-on enfin te laisser en paix ?

Cependant, tu seras toujours le père de nos enfants, reconnus ou pas, vivants ou pas... Même en la niant, en la rejetant même, cette paternité est un fait. D'ailleurs il ne serait pas compliqué de lancer une action en recherche de paternité ! Ce que je ne ferai pas, pour te pas te nuire, ne pas te « perdre » au sens de t'envoyer à la mort existentielle. Car enfin, que deviendrais-tu acculé à la vérité ? Tu serais renvoyé d'où tu es, à la rue, et même si tu venais ici, je sais bien que tu ne serais pas heureux. Et même si tu me pardonnais cette « dénonciation », il te serait impossible de mener une vie classique, la vie de Monsieur tout le monde. Tu serais comme un lion en cage et dépérirais, toi mon Lion très aimé. Du coup, notre vie à tous basculerait dans le huit clos étouffant, se convertirait en enfer.

Non, ce serait une absurdité que de vouloir te contraindre à reconnaître tes enfants. Je suppose d'ailleurs que tu refuserais de le faire (et cela te permettrait peut-être de demeurer au sein de l'Eglise) mais comme tu aurais du mal à payer la compensation pour ce refus, que ferais-tu ? Casse-tête juridique pour feuilleton à l'américaine. Pas ma tasse de thé !

Finalement je voulais préparer un court brouillon (non pas un court bouillon !) pour t'assurer de mon amour qui va jusqu'à l'acceptation de ton choix et je constate que je laisse mon esprit et mon cœur s'épancher... Comme le note de façon si touchante la petite Thérèse dans *Histoire d'une âme*, j'écris comme je pêche : je prends ce qui se présente à mon bouchon ! Et il s'en présente des choses !!

Seulement je serais plus heureuse si je savais que tu nous abandonnes par obligation – que tu nous aimes donc toujours – et non par manque d'amour. Tu penses sans doute que c'est évident mais tu sais combien les femmes ont besoin qu'on leur répète toujours qu'on les aime ! Tu t'es souvent moqué de moi (gentiment !) à ce sujet !! Et puis, pour les enfants, ne serait-il pas bon que tu leur envoies au moins un petit cadeau à chaque anniversaire et pour Noël ? Ou t'en empêche-t-on aussi ? Mais comment ? Peut-on prôner à la fois la défense de la famille, image de l'Amour de Dieu pour l'Homme, et la bafouer quand sa construction ne convient pas ? N'est-ce pas parfaitement choquant ? Nous abandonnes-tu pour mieux prêcher qu'il faut aimer sa femme et ses enfants ?? Tu me rétorqueras que tu ne nous as peut-être jamais autant aimés et après tout, Dieu seul peut en juger et je peux même le comprendre. Pardonne-moi, je viens de me laisser emporter par ma colère.

Je te connais suffisamment pour te savoir radical dans tes choix et fidèle à la fois. Comment pourrais-tu nous abandonner au point de ne rien faire pour nous ? Et comme tu choisis de tout quitter pour Dieu, il est logique que tu remettes tout entre Ses mains, y compris donc ta femme et tes enfants. Tout cela est d'une logique imparable où je te reconnais bien. Tu vois, je te suis dans tes raisonnements ; je comprends sans doute bien mais j'assume difficilement.

Bien sûr, si je savais mourir demain, ce ne serait pas trop difficile d'être héroïque mais vu mon âge, on peut supposer que cette croix va me peser assez longtemps sur les épaules !

Et encore plus (?) sur celle de ta progéniture ? Encore que la situation soit différente pour eux : ils expérimentent une absence physique et d'expression de l'amour paternel mais pas une absence d'amour de la part de leur père. Pourtant ce soir ça m'a fait mal de sentir ton plus jeune, alors dans mes bras, se tendre vers ta photo accrochée dans sa chambre, comme pour te prendre dans ses petits bras ! Je l'ai retenu et détourné du cadre en lui expliquant que ce n'était qu'une photo mais je me suis sentie transpercée ! Pauvre enfant ! Il aurait tant besoin d'un câlin de son Papa ! D'ailleurs, à chaque fois qu'il voit un homme qui te ressemble, il dit : « Comme mon Papa ! ». Au début, à la messe, je devais même lui expliquer que oui c'était bien un Monsieur qui ressemblait à son Papa mais que ce n'était pas <u>son</u> Papa. Il te voyait partout, te cherchant tellement. Parfois, il se met à parler de toi, comme ça, sans raison apparente : « Papa en Italie, Papa parti, tant pis ! » Que puis-je lui répondre ?

C'est plutôt un monologue d'ailleurs. J'essaie de répondre quelque chose du genre : « Oui c'est vrai mais on le confie à Jésus » et à l'heure du coucher, je lui redis toujours que tu l'aimes, même s'il ne te voit plus, que tu pries pour eux. Je sens qu'il me croit et je le vois s'endormir paisiblement. Est-ce là l'œuvre de l'Esprit ? Ou simplement la psychologie de l'enfant confiant dans les paroles de sa mère ? (Qui sont des paroles vraies au demeurant car j'y crois ; je ne le lui dis pas pour « endormir le poisson ».) Dans les premiers temps où tu as cessé de nous appeler, dès que le téléphone sonnait, il se précipitait vers l'appareil en appelant : « Papa, Papa ! ». Hélas...

Les enfants espèrent-ils que je refasse ma vie ? J'y ai pensé moi aussi dans un premier temps et même avant la lettre. Je dois même avouer que ce fut mon rêve à une époque, tellement je n'en pouvais plus de cette vie si proche du chemin de croix ou du funambulisme (un néologisme sans doute)... C'était, disons-le bien franchement, une fuite en avant qui nous nuisait plus qu'autre chose. Dire que je me vois encore (le diable me tenait !) calculant combien d'années il faudrait attendre pour pouvoir rompre avec toi ; je voulais que les enfants soient adultes pour ne pas les blesser ! Et maintenant je te pleure ! Fichtre ! Elle est belle ma fidélité ! Oh ! Physiquement rien à reprocher mais dans ma petite tête, il en a été tourné des films ! Je mériterais une palme à Cannes ! Ce n'était pas *Le diable au corps* mais le diable au cœur ! C'est bien cela le péché, la petitesse de l'homme... Reconnaissons-le pour nous abandonner à Dieu qui veut nous « reconstruire au lieu de nous démolir ». J'ai trouvé ce passage dans Jérémie (24,6), un jour que j'étais allée ouvrir mon cœur à un saint prêtre... Alors suivons-Le ce Dieu d'Amour qui nous veut du bien. Bonne nuit.

Ta petite,

PS : Aujourd'hui je me suis sentie « appelée » à aimer l'humanité gémissante, comme Silouane. Puisse Dieu me montrer le chemin.

4 juin 2007

X,

Ce soir, je suis en colère contre toi qui n'assumes pas par rapport à tes enfants. Que tu veuilles t'éloigner de moi, passe encore, mais tes enfants restent tes enfants, mort(s) ou vivant(s). [Au singulier pour toi, tu as compris, et au pluriel pour eux et moi.]

Or, la moindre des choses ne serait-elle pas de leur écrire à chacun pour leur expliquer ton choix et de leur envoyer un petit cadeau de temps en temps ?

Je trouve vraiment que tu te défiles lamentablement. Je ne te reconnais pas.

Dieu peut-Il vraiment demander à un homme de renoncer à <u>ses</u> enfants ? Tu me diras que tu pries pour nous ! Je veux bien croire mais ça n'empêche pas un petit signe d'amour, concret, visible et palpable ! Je finis par être choquée et me demander s'il n'y a pas un risque d'absolutisation de la foi, où l'être humain va jusqu'à nier ses propres responsabilités humaines pour poursuivre un idéal soi-disant plus élevé, pour suivre Dieu d'après toi !

Je n'ai pas à juger certes mais tout de même je doute et suis inquiète. On dirait que tu as perdu de ta rationalité, de ta « jugeote »... Comment sinon laisser des enfants souffrir ainsi ? Les abandonner pour Dieu ? Mais Dieu abandonne-t-Il Ses enfants ???

9 juin 2007

Mon Amour,

La nuit passée, j'ai rêvé de toi. Quel délice ! C'est le plus jeune qui a interrompu mon rêve en m'appelant. Il faut dire qu'il était 7h45 !

Quelle belle journée ce fut ensuite ! J'étais encore toute remplie de ta présence : l'odeur de ta peau, son granité incomparable – si doux ! – surtout celui de ton visage, l'étreinte musclée de tes bras, nos corps s'emboîtant si parfaitement bien, comme naguère…

Tout semblait si vrai que j'avais du mal à réaliser qu'il ne s'agissait que d'un rêve…

Etait-ce à lire comme un cadeau du Ciel ou comme une tentation du diable ? Allez savoir ! J'ai opté pour la première solution et ai rendu grâce à Dieu pour ce cadeau si inattendu qui a rechargé mes batteries, de la même façon que tes visites régulières me requinquaient pour quelques mois. Tu te souviens de mon poème que j'avais intitulé « la voiture électrique » ?

Et toi, rêves-tu de moi ? Sous quelles formes et comment l'analyses-tu ? Vu les propos tenus dans ta dernière lettre, je crains bien que tu n'y voies que du péché. Mais comment peut-on réduire quelque chose de si grand et de si beau à du péché ? C'est du « bourrage de crâne », ma parole !

Tu dois être dans le creux d'une vague, harcelé par ta hiérarchie et as dû démissionner, déclarer forfait, acceptant tous leurs raisonnements, les gobant pour avoir la paix et être « en règle ».

Mais, intérieurement, que vis-tu ? Si tu as effectivement « avalé » tout ce moralisme en profondeur, quel drame ! Quel gâchis ! Quelle perte pour l'Eglise ! Ton sens critique, un peu protestant, m'apparaissait comme une telle richesse, encore peu exploité certes mais présent pour le futur…

Tu sais, ça me fait toujours peur quand les gens commencent à obéir sans réfléchir, à ressembler aux autres comme une chemise noire ressemble à s'y méprendre à une autre chemise noire… Serait-ce possible que quelqu'un de ta trempe soit tombé si bas, dans ce piège-là… alors même que tu cherchais la sainteté ? Dieu le veut-Il ainsi ? Pour te mener jusqu'aux ténèbres par où le Christ est passé ??? Dans quel but ? Lui seul le sait bien sûr…

À quel avenir es-tu promis ? Evêque, Cardinal, Pape ? Je sais que tu n'en as que faire, que tu es assez oublieux de toi-même pour tout accepter. Le plus humble que la terre ait porté après Moïse ??

Cette question revient de façon lancinante me rôder dans la tête. Et pourtant nul ne peut y répondre. Le Protestant m'affirmera que l'Eglise catholique se trompe avec le célibat des prêtres et le prêtre catholique, à 90 %, le contraire. Heureusement, 10 % émettent des réserves… Et moi dans tout cela ? J'essaie de me détacher aussi de toute cette réalité visible et terrestre pour chercher les « réalités d'En-Haut ». Peut-être n'est-ce que pour te rejoindre et te rester unie ? Je t'aime tellement ! Mon amour me semble purifié, affiné au feu. Je n'attends rien ; c'est un amour gratuit. Je ne peux rien en ma faveur et ça me rend libre par rapport à moi-même, sans arrière-pensée. Je t'aime et te confie à Dieu. Cette liberté-là, personne ne peut me la ravir. Je prie pour toi à chaque bénédicité et souvent dans la journée, dès que j'ai un peu de temps pour moi : dans la voiture, en marchant, en me douchant, en me couchant... Je prie pour que tu fasses bien la volonté de Dieu sur toi, ou dit en d'autres termes, pour que tu sois heureux. (C'est pareil.)

J'ai été heureuse de lire *Jade*, offert par une amie, où j'ai trouvé cette belle phrase : « On peut aimer mal mais on n'aime jamais trop. » Peut-être est-ce mon cas : je t'ai aimé à la folie, peut-être pas de la bonne façon mais nul ne peut dire que j'ai trop aimé puisqu'on n'aime jamais trop.

Est-ce que je t'aime de la bonne manière maintenant ? Si Dieu nous a donné un corps, ça ne me semble pas un mal que d'exprimer aussi cet amour avec ce corps lorsque la maturité et la stabilité des deux le permettent.

À toi et abandonnée à la volonté divine (qui n'est qu'Amour).

10 juin 2007
Dimanche du St Sacrement

Mon Amour,
Aujourd'hui tu vois je suis en pleurs. Mon cœur est si triste que je pourrais m'écrier, comme dans *Le Marchand de Venise* : « Je tiens ce monde pour ce qu'il est […] : un théâtre où chacun doit jouer son rôle et où le mien est d'être triste. » Oui, « and mine a sad one », vraiment ! Tu ne seras pas étonné que je cite ainsi Shakespeare ; tu sais que j'ai lu certaines pièces avec beaucoup de bonheur. En outre, je peux me flatter d'être celle qui t'a amené à le découvrir également. Je me souviens que je ne t'entendais plus pendant des heures !! Et puis tu as dû le finir dans le train. Tu m'en parlais même au téléphone, passionné comme toujours !

Hélas aujourd'hui je ne peux que constater la triste réalité : la plus belle part de ma vie a volé en éclats ; reniée, bafouée. Que reste-t-il de moi ? Cet amour si merveilleux prenait tant de place ! Toute la place ! Et je t'aime tant ! Mon cœur est tellement pris par toi que je me demande parfois si un tel amour est humain. Est-ce un péché que d'aimer ainsi, si fort, si intensément ? N'est-ce que de la passion ? Non et tu le sais bien… Que puis-je ? Pourquoi est-ce que je souffre tant ? Dieu voudra-t-Il que je tombe amoureuse d'un autre homme, pour me consoler ? Comme cela me semble bien difficile ! En superficialité peut-être mais dans la profondeur de l'être, j'en doute fort. Tu es tellement présent en moi pareil à des lianes enchevêtrées aux miennes. Il m'arrive de réagir à des situations en ayant l'impression de t'entendre parler à côté de moi ou à ma place. Est-ce là souffrir comme le Christ qui n'a pas été reconnu par les siens, de même que notre amour n'est pas reconnu par l'Eglise ? Qui a été bafoué, humilié, de même qu'il est humiliant de se savoir considérée par certains dans l'Eglise comme une femme légère, une dépravée et toi montré du doigt ou traité de « faux prêtre » ? Qui a dû se cacher pour échapper à la lapidation de même que je dois cacher la vérité autour de moi pour vivre en paix et protéger nos enfants… et toi-même ?

J'abandonne toute cette souffrance à Dieu, Lui qui sait et qui nous réunira, je L'en supplie, en son Paradis.

Samedi 16 juin 2007

Tu vois Mon Amour, ce soir, j'ai eu envie de m'amuser – c'est bien le jour où les gens font la fête non ? Un peu méchamment je sais...
Juste des pamphlets
ça me démangeait...
Tu me racontais bien des blagues sur l'Eglise ; tu ne les avais pas inventées... alors prends-les sur le même ton, badin et espiègle. D'ailleurs, tu es bien le seul au monde à pouvoir me faire rire aux larmes !

Quel est le seul État au monde
Où les femmes ordinaires
Prennent des allures de sorcières,
Poil au derrière (ce n'est pas de ma faute ; je viens de lire «*Le monstre poilu* » d'Henriette Bichonnier à ton plus jeune)
Qui empêchent des hommes bien nés
D'accéder à la sainteté
Leur faisant d'affreux marmots (« C'est pô vrai ! » dirait l'aîné ; oui toi tu ne connais pas Titeuf, alors disons que c'est une bande dessinée, moins connue pour toi certes que l'herméneutique. Tu me disais toujours que j'étais forte pour l'herméneu-machin...)
Qui ont le culot
Un jour de grande Fête
De naître ?

Prouvant s'il en était besoin
Par leur beauté et leur naïveté
Qu'un père
Avec ou sans soutane
C'est toujours et avant tout
Le mari d'une Dame.
Je suis la tienne. Et fière de l'être. Yeah !

Bon maintenant que j'ai écrit tout ça, est-ce qu'il va m'arriver la même chose qu'à Salman Rusdhie ou qu'à Ayaan Hirsi Ali ? Ou pire, qu'à Jean-Paul I ??
Mais je continue.

Quel est le seul Etat au monde
Où l'on défend la famille mordicus
Au point d'interdire
A ceux qui ont eu le malheur de divorcer
Pour ne pas sombrer
De se remarier
À l'Eglise [1]

Tout en forçant
Ceux qui ont eu le malheur d'en créer une,
Sans se marier,
Les curés,
A l'abandonner…
Pour la sainteté,
Cela s'entend… ?

---
[1] Sauf les petits malins qui savent s'y prendre pour obtenir l'annulation de leur précédent mariage, disons plutôt la « reconnaissance de non-validité » comme le prévoit la procédure ecclésiastique

Allez, on poursuit.

Quel est le seul Etat au monde
Où l'on défend les humains dès leur conception
Là j'dis « Bravo ! »
Tout en privant certains de leur père ?
Là j'dis « Enfer à gogo ! »

J'ai écrit d'autres versions :

Quel est le seul Etat au monde
Qui réussit à rendre des enfants orphelins de père
Alors que le père est bien vivant ?

C'est moins bien, n'est-ce pas ? Je préfère la dernière, plus courte et plus lapidaire :

Quel est le seul Etat au monde
Qui condamne l'abandon d'enfants
Tout en abandonnant les siens ?

J'ai fait une suite à ces petits débuts :

Pour plus de détails, veuillez consulter la liste des très honorables Sacerdotes Pater Familias, disponible aux Archives du Vatican.
Vous y trouverez aussi des bandes-son : conversations enregistrées entre père et enfants, photos prises par gestapo zélée et autres témoignages accablants d'affables curés de

campagne bien embêtés d'héberger sur leurs terres des ouailles si peu orthodoxes ! Et ne sachant sur quel pied danser : condamner ou pardonner ? Pardonner ou condamner ?... ou... ? Et dire qu'ils ont baptisé ces tendres chérubins !

Mais pourquoi diable Dieu les a-t-Il fait...
Si frais
Qu'on les croquerait ?
Si beaux
Qu'on pense immanquablement
Au Très-Haut ?
Si purs
Que les ordonnances du Vatican
Ils n'y croient plus si dur !

Il était tellement merveilleux
Cet homme !
Mais il n'est plus... <u>son</u> homme.
Il est... un autre homme.
Qui aspire à la sainteté,
Comme elle,
Mais pas par le même chemin (?)

Celui qui suit aussi, j'en suis fière ! Ecoute.
C'était trop beau
Ils s'aimaient trop
C'était indécent
Poil aux dents

C'était trop pur
Fallait des rayures.
C'était trop vrai
Fallait le mettre au frais.
Il avait des enfants
C'était gênant
Il était tellement intelligent
Fallait lui mettre le mors aux dents
Avant 40 ans.
C'est fait.

Et elle ?
Dans la Camargue …

Fidèle à son Cheval de Feu.
Rien à perdre ; point d'orgue.
Ce n'est pas un jeu
Ils peuvent la tuer
Rien à cirer
Des amis elle en a
Qui ses enfants
Sauront bien élever.
De Là-Haut
Elle suppliera.
Guillevic,
Fais-leur la nique !

Imagine… (les pointillés correspondent à l'auto-expurgation de mes poèmes pour garder l'anonymat)

Imagine qu'à …………

À 20 ans, Frêle Printemps,
On se soit rencontrés,
Et qu'à............. on se soit embrassés.
Imagine que sur une île,
Par un jour de grande marée,
On se soit connus –
Oui tout nus !
Et qu'aux limites d'un ....
Des enfants soient nés,
ô nue !
Imagine qu'ensuite on t'ait fait croire
Qu'à cause de nous
Tu vivais dans le péché
Et que tu l'aies cru !
Imagine qu'on ait fait pression pour que tu nous abandonnes...
Et que tu l'aies fait !
NON ! NON ! NON ! NON ! NON ! NON ! NON ! NON ! NON !

Celui-ci s'intitule « Pour trouver le Paradis...»

Pour trouver le Paradis,
Faut prier St Antoine,
Faut pas écouter le Vatican,
Le seul endroit sur terre inconnu du Saint Esprit,
(De sources sûres : une blague racontée par... toi-même !)

Pour trouver un mari,
Faut aller en Bretagne,

Planter une aiguille dans le nez de St Guirec,
Faut pas admirer ceux du Vatican :
Y vont fiche le camp
Quand t'auras des enfants !

Pour vivre en paix,
Faut peut-être devenir ermite
Et les envoyer paître
Aux mites
Tous ces miteux
Qui abandonnent leurs petites mites
Tout ça pour porter la mitre !
Fichtre !

(Je sais que sincèrement tu n'es pas carriériste mais c'est une espèce qui prolifère cependant en ces lieux que tu fréquentes…)

Mercredi 20 juin 2007

Mon Amour,
Tu vois aujourd'hui j'avais rendez-vous chez le gynécologue. J'aurais dû m'y attendre, il m'a demandé : « Date des derniers rapports sexuels ? » Ah !!! En août 2005.

Oui je sais ça fait presque 2 ans ! Et alors ? Je ne vais pas coucher avec « le premier Jésus Christ qui passe », comme dit la chanson de notre cher Cabrel, sous prétexte que tu m'as laissée tomber.

NB : J'écris « cher » car il semble que certaines de ses chansons, là encore, avaient été rédigées pour nous. Tu te souviens, je pleurais quand tu me chantais *l'encre de tes yeux !* Si bien d'ailleurs ! Aussi bien que Cabrel mais sans le petit accent du Sud-Ouest qui lui donne un tel cachet ! Comme j'aimais t'entendre chanter ; ça avait toujours quelque chose de divin, comme si ta voix n'était faite que pour les Anges !

Il me revient des bribes :

« Même la morale parle pour eux…
Puisse qu'on ne vivra jamais tous les deux,
Puisqu'on est fou, puisqu'on est seuls,
Puisqu'ils sont si nombreux…

On rêvait de Venise et de liberté »
(Oui tu m'avais promis de m'y emmener un jour…)

Je reviens à mes moutons. D'ailleurs, je n'en ai aucune envie de coucher avec quelqu'un d'autre. C'est toi que j'aime et s'il m'arrive d'avoir des désirs sexuels, c'est toujours vers toi qu'ils sont tournés. Comment en serait-il autrement ? Je t'avais donné ma vie, promis fidélité, désirais mourir avec toi et être enterrée près de toi, comme Héloïse et Abélard que nous sommes naguère allés saluer ensemble au Père-Lachaise. La situation actuelle, au fond, n'y change rien. Tu me rejettes, tu me condamnes même, puisque tu as écrit regretter d' « avoir vécu dans le péché », tu ne prends pas de nouvelles de tes enfants, mais rien ne m'empêche de t'aimer et de te rester fidèle tant que je ne vois pas de meilleure option.

Le problème, c'est que je n'arrive pas à comprendre. Change-t-on tant en deux ans ? T'a-t-on à ce point « endoctriné » que tu as perdu tout esprit critique, toi qui en avais tant ; toute réaction paternelle, toi naguère un si bon père, capable de passer des heures à inventer des histoires et à les jouer avec ton aîné ? Ne vois-tu plus rien que la foi ? Au risque du fanatisme ou de l'intégrisme ? Ou joues-tu la comédie pour faire diversion… face aux éventuels sbires « expurgeurs » de correspondance ? Je penche hélas pour la première hypothèse et je n'en suis que plus chagrine et tourmentée, vu qu'à ce stade, je ne peux plus rien pour toi. Si tu as en quelque sorte subi un « lavage de cerveau » (ça parait incroyable pour qui t'a connu précédemment mais l'effet n'en serait que pire car je connais ta détermination : une fois engagé dans une voie, tu refuses de revenir en arrière, même d'y réfléchir à nouveau et tu fonces tête baissée, passant outre toute critique, même bienveillante), il n'y a plus rien à faire, sauf peut-être une action en justice ou en recherche de paternité pour te contraindre de t'occuper – au moins financièrement – de tes enfants. Mais je m'y refuse, sûre de toutes les façons que tu mets de l'argent de côté pour eux afin de m'aider à payer leurs études le moment venu.

À moins que tu n'aies eu une telle illumination que la perle est trop belle. Dans ce cas, partage-moi ton trésor ! Moi aussi je souhaite connaître Dieu et rencontrer le Christ. Or, pour le moment, je n'ai pas fait l'expérience de son visage. Je crois en la Trinité mais la figure du Christ ne m'est pas familière, ce que je regrette. Et si nous correspondions comme Ste Claire et St François, ou tant d'autres ?

Accepterais-tu de me guider sur le chemin de la sainteté ? Après t'avoir suivi dans la vie terrestre, je te suivrais sur les routes de la foi, vers le sens de tout…

Tu sais, je voudrais aussi te faire part de ma difficulté à m'équilibrer ; j'oscille perpétuellement depuis ta dernière lettre entre la colère, la souffrance et l'acceptation, la plus souvent passive alors que je la voudrais toujours active et aimante. En fait, je n'arrive pas à te pardonner à cause des enfants. Je ne peux pas te laisser les abandonner comme tu le fais, sans réagir. Il me semble que c'est là le devoir d'une mère que de faire tout ce qui est en son pouvoir pour garantir à ses enfants une vie la plus stable possible et l'affection paternelle y tient une grande place.

Pour le reste, me concernant, je te pardonne. Je t'aime assez pour réussir à t'aimer sur un chemin d'où je suis renvoyée. Je considère que l'Eglise-institution est en tort sur ce point. Non les femmes qui aiment un prêtre ne sont pas des pécheresses ! De plus, les prêtres issus du protestantisme et mariés avant leur conversion au catholicisme n'ont pas eu à répudier leur femme ! Je me souviens d'avoir lu un article, dans L'Express je crois, qui s'intitulait *l'Eglise et le sexe* (c'était volontairement provocateur !) où on voyait une photo d'un prêtre belge issu du protestantisme posant avec sa femme. Et on pourrait multiplier les cas. Je t'avais bien proposé de nous convertir au protestantisme à une époque mais tu ne m'avais même pas répondu… Balayée d'un revers de main ma proposition…

Je demande à Dieu de continuer à me donner la force d'accepter cette situation et de la vivre dignement, même si c'est une injustice qui m'est faite, comme à nos enfants, et qui est faite à beaucoup d'autres femmes et beaucoup d'autres enfants. Je sais bien que je ne suis pas seule dans ce cas. Une association existe paraît-il…

6 juillet 2007

Mon Soleil,

Ce soir j'ai prié avant de t'écrire. Signe d'intelligence ! Enfin !

Et vois-tu, il m'apparaît que je me sens attachée à toi d'une façon bien particulière : que la racine de mon âme est attachée à la tienne. Ressens-tu aussi ce lien étrange ? A tel point que même chargée de colère contre toi (ça m'arrive !!), je finis toujours par faire volte-face et me mettre à prier pour toi. Je t'aime tellement ! Assez pour accepter de ne plus avoir de nouvelles si telle est ta volonté.

Pourtant, moi aussi je voudrais être sainte et je suppose que si tu as eu la force de nous abandonner, c'est que tu es plus avancé sur ce chemin que moi et que donc tu pourrais me tirer par la main, comme jadis tu m'aidais sur le sentier escarpé ou sur les rochers d'Ouessant par exemple. Ne voudrais-tu pas être mon guide spirituel ? Par exemple, en me commentant, même brièvement, un petit passage de la Bible de temps en temps ? Nul ne pourrait tout de même te le reprocher ! Et moi je serais si heureuse de cheminer à ta suite !

Tu sais, il me reste deux secrets à te confier. L'année dernière, j'ai fait un petit pèlerinage à Ste Anne d'Auray avec les enfants pour supplier la Grand-Mère de Jésus de nous aider et il m'a été donné ce que je prends pour un signe qui m'a beaucoup troublée :

En me relevant après la Communion – je priais à genoux – j'ai levé les yeux vers les vitraux à ma gauche et j'y ai vu un homme te ressemblant, sur la tête duquel on mettait une mitre ! Tu imagines quel choc ce fut pour moi. Il me semblait que Dieu me montrait ce qui allait advenir de toi. J'avoue avoir égoïstement ressenti de la tristesse en me demandant quelle serait ma place là-dedans. Et j'en demande pardon à Dieu…

Et puis en relisant récemment mes petites notes, je me suis rendue compte – j'avais complètement oublié – qu'une nuit, j'ai rêvé que feu ma grand-tante religieuse me disait de « ne surtout pas chercher à [te] retenir car [tu] avais de grandes choses à faire dans l'Eglise. »

Je te supplie seulement, encore une fois, de ne pas oublier tes enfants et d'agir pour eux, sans te contenter de la prière.

7 juillet 2007

Si je devais t'excuser, qu'est-ce que j'avancerais ?

- Que tu cherches la sainteté et es prêt à tout pour suivre le Christ, même à abandonner femme et enfants. (La preuve. Sans ironie.)

- Que tu ne cours pas après ton bonheur personnel mais désires au contraire te mettre au service de tes frères, en particulier les plus petits, comme Jésus le demande.

- Que tu m'avais prévenue dès le départ. Je me souviens, à Cologne, à moi qui te déclarais ma flamme et mon désir de devenir ta femme, tu avais répondu « n'avoir rien d'autre à m'offrir que la Couronne du Christ. » Et à mon départ de cette belle ville, alors que tu m'accompagnais au train, tu avais marmonné, comme pour te redonner courage : « Celui qui met la main à la charrue et qui regarde en arrière n'est pas digne de moi. »

- Que je connais la sincérité et la pureté de ton cœur… à tel point que je suis persuadée que tu souffres de t'imposer, et plus encore de nous imposer, une telle souffrance, mais que tu es capable d'aller jusqu'au bout.

- Que connaissant ton parcours à travers ce que tu m'as raconté au long de ces quinze années de vie commune, quoique souvent à distance (géographique), je ne doute pas de ta vocation ; que mon dilemme, ma déchirure a toujours été de trouver ma place, de savoir ce que Dieu pouvait bien vouloir de moi là-dedans. Et je ne le sais toujours pas !

De te donner de merveilleux enfants ?
Comme des diamants… ?

- Que tu fus (es ?) victime de pressions infâmes qui te faisaient par exemple craindre pour notre sécurité ; que nos conversations téléphoniques furent mises sur écoute après que ta messagerie électronique a été « visitée ». Que tes allées et venues étaient tellement surveillées que tu ne pouvais pas sortir téléphoner tranquillement d'une cabine sans être suivi. Ne parlons plus des fixes ou de ton portable : écoutés du matin au soir… Que pour venir en France incognito, tu passais par la Suisse ou l'Allemagne pour ne pas laisser entrevoir que tu partais nous rejoindre.

- Qu'à la fin (septembre 2005), tu m'as annoncé que tu ne « pourrais plus téléphoner ; que tu prendrais juste de nos nouvelles de temps en temps… », ce que tu n'as pas fait… Auparavant tu m'avais demandé de changer de numéro de portable mais, bêtement j'avais refusé, voyant les factures déjà augmenter ; tu m'avais conseillé de prendre un abonnement et ça revenait cher par mois. Cette pression que tu subissais commençait aussi à faire son effet sur moi à mon insu… Leur plan commençait à réussir…

Tu te souviens aussi comment le comportement des prêtres de la paroisse a changé à mon égard quand ils ont su. L'un ne me donnait plus la communion qu'en détournant la tête comme s'il était dégoûté et aurait voulu me la refuser et l'autre ne parlait plus que de pardon, de se détourner du péché, dans tous ses sermons. Celui-là, je le sentais compatissant, comme si notre détresse résonnait aussi en lui, tout en restant coincé par l'orthodoxie. Et puis le bouquet, ce fut lorsqu'à la gare, je découvris que nous n'étions pas les seuls à t'attendre. Un des prêtres de la paroisse était là, faisant semblant de ne pas me voir. Il n'a déposé personne et n'a remmené personne ! Tu n'y croyais pas ! Et pourtant ! L'évêque qui avait dû recevoir une enquête l'avait envoyé en éclaireur. Pauvre chair à canon ! Je les pardonne. T'ai-je déjà écrit que cet évêque s'est comme excusé en bénissant tes enfants, les yeux rougeoyant, le jour de son départ de notre évêché ? C'était probablement un « brave type », qui avait reçu une mission et par obéissance, avait cherché à s'en acquitter, sans bien penser que des humains étaient derrière ces gens épinglés en flagrant délit d'amour interdit. J'étais aussi émue que lui et je pense qu'il a senti mon pardon. J'ai mis le plus jeune debout sur la chaise lorsque la procession est passée à côté de nous, alors comme les petits enfants sont toujours bénis les premiers, il s'est approché (il est vrai qu'il est à croquer ton petit dernier !), et a béni les autres aussi. Un regard qui en disait long. Tu vois, en y repensant, j'en pleure encore ! Un regard d'homme blessé d'avoir fait si mal, sans le vouloir, comme St Paul : « Je fais le mal que je ne veux pas et je ne fais pas le bien que je voudrais faire ». Il aurait pu me demander pardon sans se faire remarquer par le reste du cortège qu'il l'aurait fait. Qu'il soit en paix : mon pardon, il l'a, comme l'ont tous ceux qui nous ont fait du mal, connus ou anonymes. Avec Jésus, j'ai la force de dire : « Ils ne savent pas ce qu'ils font. » car nuire à un amour vrai et pur comme le nôtre, c'est un grand péché. C'est nuire à Dieu, à la pureté, au rayonnement du Royaume, car à nous voir comme à voir de vrais amoureux, beaucoup se sont réconciliés ou se sont mis à croire. A croire à la vie, à l'espérance d'un bonheur à venir, d'une fleur à cueillir. Tu te souviens de ce couple sur le bateau au retour d'Ouessant qui se chamaillait bêtement ? Nous ne leur avons rien dit mais nous nous sommes rapprochés l'un de l'autre et puis nous avons plaisanté et ri, nous laissant aller à la beauté du spectacle laissé par le sillage du bateau. Nous avions le cœur si léger et le Paradis semblait tellement à portée de main que, comme par magie, les deux autres se sont sans doute dit qu'ils avaient bien tort de ne pas en profiter aussi. Et tout a fini par un baiser ! Nous étions bien fiers de nous ! Et il y en eut bien d'autres de-ci de-là. C'était le bon temps où étudiant, tu n'avais pas peur d'être reconnu ! « Trompettes de la renommée, vous êtes bien mal embouchées ! » Mais pourquoi diable, ne suis-je pas tombée amoureuse d'un petit curé de campagne ? L'évêque du coin nous aurait donné sa bénédiction en nous recommandant la discrétion et puis voilà !!

Evidemment je pourrais aussi lister quelques reproches mais la liste serait plus courte et comme la perfection n'est pas de ce monde et que moi non plus je ne suis pas parfaite - loin de là -, je préfère te pardonner comme tu me l'as demandé ; « tout ayant été fait par amour vrai » m'as-tu assuré dans ta lettre de rupture, ce dont j'étais déjà convaincue.

Dimanche 29 juillet 2007

Mon Amour,
Mon Tendre Amour,

C'est dans les larmes que je t'écris aujourd'hui. Aller à la messe me fait si souvent pleurer ! Il me semble que je reviens à la source de mon être et que m'abreuvant à cette source, je retrouve nos deux âmes si profondément liées que je ne peux que ressentir cet amour si fort qu'il ne me reste que les sanglots pour l'exprimer.

Tu m'es si proche et si aimant ! Toi qui commenças ta lettre de rupture par « Aimable X ». Tu reposes au plus profond de moi, comme plus moi que moi-même ; toi qui m'appelais si souvent « Mon Autre Moi-Même » ou « Mon Alter Ego » !

Ah oui ! Je découvre ou redécouvre plutôt combien je t'aime et combien cet amour fonde toute ma vie, que je le veuille ou non.

Sans lui, que suis-je ? Rien ou si peu ! C'est la plus belle part de ma vie ; c'en est la lumière, le soleil. Oui, tu restes « Mon Soleil », ainsi que je t'appelais au bon temps jadis…

Tu vois, ce qui me secoue terriblement en ces jours, c'est de bien voir en face que finalement je suis coupable de tout. Si tu as rompu, c'est que je t'ai donné le couteau pour couper, et cette culpabilité – que je reconnais enfin –, me rend encore plus malheureuse. Je n'arrive pas à comprendre comment j'ai pu en arriver à écrire cette lettre te demandant de choisir entre nous et ta vocation alors que je connaissais pertinemment la réponse. Il faudrait l'analyse d'un psychologue et comme il est impossible de « regarder au balcon et de se voir passer dans la rue » – un souvenir du cours de philo mais de qui est-ce ? Auguste Comte peut-être…–, je suis mal placée pour fouiller en moi.

Pourtant, à l'instant, alors que je suppliais Dieu en pleurant, j'ai perçu dans mon for intérieur une clef de compréhension : que la tension était telle depuis septembre 2005, depuis ton dernier appel, que trop d'angoisses, d'inquiétudes, de rage aussi parfois, de difficultés à porter cette tension tout en assurant professionnellement et à la maison avec les enfants – et partout en tâchant de faire bonne figure, comme si de rien n'était –, m'avait transformée en cocotte-minute ou en autocuiseur !

Il fallait une soupape ; il fallait d'urgence un dénouement, tout me paraissant mieux à cette époque que ma souffrance, devenue insupportable, y compris la rupture. J'avais déjà envoyé tellement de missives restées lettres mortes ! Evidemment puisque ton adresse avait changé et que tu ne nous avais pas prévenus !

Et c'est ainsi que je t'ai écrit courant février 2007.

Je te mets en pièces jointes quelques écrits de cette période si cauchemardesque pour que tu réalises plus facilement par quoi je suis passée pour en arriver là. Sans doute m'as-tu cru plus forte psychologiquement que je ne l'étais mais je croyais tellement que tu allais effectivement prendre de nos nouvelles de temps en temps, comme annoncé, que voir Noël passer sans une lettre, sans un cadeau pour les enfants s'apparenta à une montée au calvaire. Je ne pouvais pas en croire mes yeux et l'angoisse survint. Je te crus mort ou prisonnier quelque part. Quand on ne sait rien, les pires fantasmes vous assaillent.

Maintenant que le temps a un peu passé, mon erreur m'apparaît, monstrueuse. Je me compare à un dragon qui se détruit lui-même et ma souffrance est infinie. Qui peut la comprendre ? J'ai fait capoter ma vie toute seule, de mon propre chef. Ma seule excuse : avoir été à bout. Je n'en pouvais plus, je criais dans le vide et personne ne me répondait ! Triste réalité qui m'a amenée à rédiger cette lettre diabolique, avec sérénité même, croyant y voir la main de Dieu !!

Mais où est-elle la main de Dieu ?? Je n'arrive pas à comprendre un seul mot ! A certains jours, je me dis, voyant comment tout s'est enchaîné autour de nous, que peut-être Dieu a agi délibérément et que sans rien comprendre j'ai fait sa volonté en te demandant – presque –, de rompre. Et à d'autres jours, comme aujourd'hui, je suis totalement désespérée, au bord du gouffre de l'absurde, témoin de ma culpabilité ignoble, pleine et entière, bref du gâchis d'un amour sublime qui sans doute te fait au fond autant souffrir que moi – ce que bien sûr tu ne voudras pas avouer, opiniâtre comme tu es, pour mon plus grand malheur.

Il m'est encore plus terrible de retrouver de vieilles lettres. Hier, en rangeant dans la boîte à gants de la voiture, j'ai retrouvé la dernière carte postale que tu m'as envoyée.

Elle date du 19/08/05 et a été postée à Lourdes – « ville de l'Espoir » – comme indiqué sur la carte postale que tu avais choisie. Comment ne pas fondre en larmes en lisant le message :

« À vous mes x amours...
C'est pour vous et avec vous que je suis ici à Lourdes, priant pour que le Seigneur nous comble de ses grâces et bénédictions !
Tout à vous !
X »

C'est à en mourir de désespoir que de lire un si beau message d'amour et d'avoir en même temps conscience d'en être l'assassin. Mon Dieu, qui suis-je ? J'ai gâché ma vie et celle de mes enfants en les privant de leur père et en me privant de l'homme aimé. Qui suis-je ? Quel affreux démon vit donc caché en moi ? Agissant à ma place, prenant ma main pour écrire sans que je ne le voie ? Suis-je donc un monstre ? Et dans ce cas, oui j'étais bien indigne de toi, indigne de te suivre, toi qui veux suivre le Christ et es capable de quitter ceux que tu aimes pour Lui.

Il ne me reste que la confiance – vraie – que le Christ m'aime et me pardonne, me voulant du bien là où moi je ne fais que du mal, me menant « ultreia », selon les paroles du chant des Jacquets.

Ah oui ! Au-delà de la souffrance, au-delà du désespoir, au-delà du visible, au-delà de nos limites, au-delà des hommes et de leur petite humanité, au-delà de notre amour même, au-delà de la vie humaine, au-delà de la mort ; oui, au-delà, nous trouverons enfin le <u>sens</u> et le paradis.

Alors, Va, mon Amour, Va où le Père t'appelle sachant que tu es immensément aimé de moi, que je voudrais que nous soyons tous les deux assez vieux pour vite nous retrouver de l'autre côté, avec le Père Céleste, près de Qui, j'en suis sûre, nous ne serons jamais séparés, où ma bêtise n'aura plus d'emprise, où la main de Dieu effacera toutes nos erreurs et où tout prendra sens, même la souffrance.

Alors enfin nous pourrons reposer en Paix, près de Dieu et l'un près de l'autre, à tout jamais.

Et puis, si d'ici là, ta conscience en prière te dit de revenir vers moi, de passer outre ma bêtise et mes limites trop humaines, alors de grâce fais-le.

Mais quoi qu'il en soit, songe d'abord à tes enfants et aux besoins qu'ils ont de sentir ton amour, toi le fils très aimé de ses parents.

À l'homme que j'aime,
Jour de la Sainte Marthe.

PJ : plusieurs écrits de courant 2006

Ecrits en janvier 06 :

Mon Amour,
Es-tu à jamais perdu ?
Ne te reverrai-je jamais ici bas ?
Je suis à bout de ne pas savoir
Je t'aime
Et ce soir voudrais être tienne

Mais une fois de plus
Je dormirai seule
Ma croix pour unique compagne
Et seul secours.
Es-tu mort, blessé, interné,
Enfermé, exilé… ?
Quand le saurai-je ?
Qui me le dira ?
Ma vie s'est arrêtée
En même temps que tes appels
Je vis hors du temps
Sans joie, sans espoir
Anesthésiée.

X,
As-tu à jamais rejoint le pays des ombres ?
Ne nous reverrons-nous donc jamais ?
Le froid silence qui m'entoure me glace.
J'attends en vain.
Seul le silence me répond de sa voix de mort.
Je perds espoir et force en même temps.
Je m'essouffle, je m'épuise.
Le sens de ma vie trépasse.

Mars 06 :

Mon Dieu,
Pourquoi m'avez-vous donné de vivre la médiocrité d'une vie sans l'homme que j'aime ?
Pourquoi me faire boire jusqu'à la lie l'amertume d'une vie échouée ?
Mon cœur est à sec,
Le désert a envahi mon être
Ce n'est que dunes de sable à l'horizon,
Pas même un mirage
La fraîcheur et la jeunesse ont fait place à l'usure et à l'ennui
Je ne crois plus en rien sur cette terre
Sauf en votre Amour
Qui est de toujours à toujours.
Ayez pitié de ma vie ratée !
Venez à mon secours :
Que je revive
Que l'herbe repousse
Amen

Juin 06 :

Quand t'as tellement aimé
À en pleurer
Quand t'as tellement aimé
Qu' t'as tout plaqué
Pour le suivre
Quand t'as tellement aimé

Et qu' voilà 10 mois qu 't'as pas,
Qu' t'as pas de nouvelles
Alors là ma Belle
T'as envie d 'faire rimer
Belle avec poubelle
Beau avec salaud
Et d' l'envoyer au diable
Ton rigolo
Qu'assume pas son rôle de père
Qu'assume pas son rôle de mari
Et qui t' laisse toute seule
Avec tes levrauts
Le terrier à ratisser
Les graminées à dégotter
Et les copecks à gagner
Quand t'as tellement aimé…
S'il revenait…
Est-ce que tu lui pardonnerais ?

À l'homme que j'aime,
22 juin 06

Le malheur me rôde autour comme un vautour
Le désespoir me tenaille, sale canaille
L'amour doucement se brise
Tandis que me cingle la bise
Depuis longtemps la plénitude se fendille
Et bat au vent comme sous la bise la brindille
Que reste-t-il de ma vie ?
Des rêves d'albatros amer

« Espérer contre toute espérance » :
La parole les amarres a rompues
Seize ans j'ai tenu
Seize ans j'y ai cru
Aujourd'hui le Vatican me tue.

26 juin 06

Tu m'avais dit d'y croire
Tu m'avais dit de garder l'espoir
Un courriel verbe de bonheur
Source de tous nos malheurs
Depuis qu'ils savent tout
Et qu'ils nous tournent autour
Au lieu d' rester dans leur trou
Les loups ! Les sales loups ! Les salauds !

Tu m'avais dit d'y croire
Tu m'avais dit d' garder l'espoir
Mais maintenant ça fait 10 mois
Qu'on vit sans toi au froid
Au froid
Mon cœur a le mal de mer
Je n'y crois plus dur comme fer

Qu'est-ce que tu fais ?
Pourquoi fais-tu exprès de devenir un étranger ?

Peut-être que tu souffres
Peut-être que les loups te bouffent

Peut-être que t'en peux plus
Et qu' c'est pour ça qu' tu t'es tu…
Vue sur le cimetière
Vue sur les chemins de traverse
Vue sur le huis clos
Le château tu veux pas l'visiter
Tu dis qu'il faut qu' j 'm' habitue
Des fois qu'on te verrait
Des fois qu'on te reconnaîtrait

Ce serait foutu d' ta vocation
Ce serait foutu d' tes grandes missions

Mais qu'est-ce qu' j' fous
Dans cette galère ?
Mais qu'est-ce qu' j' fous
En tee-shirt en plein hiver ?

J'ai pas vu le blizzard se l'ver
J'ai pas vu la nuit tomber
J'm retrouve toute seule
Dans la nuit dans le froid
Sans toit sans toi !!

Comment vivre ? Comment continuer ??
J'sauterai jamais l'aven !
J'vais m' le prendre !
J'vais tomber !!
J'vais m' le prendre !
J'vais succomber !!

Si j' mourrais qu'est-ce que ça t' ferait ?
Ça t' ferait …
Parce qu' l' jour où tu l' saurais
Y'a longtemps
Que j' serais déjà bien au frais !
Si j' te laissais qu'est-ce que ça t' ferait ?
Ça t' ferait comme un vide dans l' cœur
Ça t' ferait comme un malheur
Et moi, tu t'es demandé c' que ça m' faisait qu' tu laisses ?
Qu' tu délaisses ?

Fin novembre 06 :

Qu'est-ce que vivre… ?

Qu'est-ce que vivre quand nul bras tendrement ne vous enserre ?
Quand nul regard subrepticement ne vous recherche ?
Quand nulle sonnerie vos espoirs ne nourrit ?

Qu'est-ce que vivre quand pour nul rendez-vous votre cœur secrètement ne palpite ?
Quand pour nulle coulisse vos bas peu à peu ne se font lisses ?
Quand pour nulle alcôve vos essences n'encensent ?

Qu'est-ce que survivre… ?

L'amour en collision
Personne derrière le parapet
Chute à flanc
Qui en résonne encore
Corps au néant livrés
L'âme peut-elle s'envoler ?

Thérèse et Elisabeth dans la souffrance
Trouvent du sens.
Comment faire pour avancer ?
S'abandonner ?
J' voudrais être sainte,
Ce serait tellement plus simple !

Seuls tes vêtements restent là
Sans rivage
Seuls vestiges du naufrage
Seuls rescapés sans visage
Frivole douceur des lainages
Macabre froideur du boutonnage
Plus personne ne dira : « à l'abordage ! »
Il est révolu cet âge

Au Ciel seul tu le reverras
À part l'âme en pamoison
Mais t'as rien d'un p'tit poisson
Dans l'eau de son carmel

30 juillet 2007

Mon Amour,

Plus je prie et plus je me sens tirée à prier pour toi et plus je me sens t'aimer. N'est pas là la preuve que notre amour n'est pas purement humain mais bien en Dieu ?

Toutefois, si tel est le bon vouloir de Dieu, j'accepte de prier sans consolation terrestre – pourvu qu'Il m'en donne la force sinon je ne tiendrai pas –, sans jamais te revoir, même si c'est un crève-cœur.

Tu sais je me suis fait un cadeau : je me suis offert *Histoire d'une âme* de Thérèse de Lisieux et je trouve en elle des résonances à ce que je vis. Sa prière est puissante alors qu'elle vit cachée dans son monastère. C'est là à un mystère d'amour qu'elle invite à s'abandonner, à une communion d'amour à laquelle j'aspire mais dont je ne suis pas digne. Heureusement les paroles du Christ me rassurent : « Je suis venu pour les pécheurs. » Le chemin est encore long qui me mènera vers ce Paradis. Peu importe tant que Dieu est là, derrière moi, me poussant, comme moi lorsque je pousse X sur son petit vélo quand les pierres du chemin l'empêchent de pédaler tranquillement.

Peut-être es-tu bien avancé sur le chemin ? Comme j'aimerais que tu viennes m'aider par des lettres !

Mais ce serait trop doux et sans doute le Seigneur veut-Il m'apprendre à vivre sans les douceurs d'ici-bas. Voilà un aspect que je ne comprends pas en vérité : pourquoi faut-il souffrir pour grandir ? Tous les Saints en parlent et le Christ le premier a souffert jusqu'à la Croix… Thérèse écrit même avoir été attirée par la souffrance ! Je suis vraiment comme une enfant à qui il reste tant à apprendre !

1ᵉʳ août 2007

Faut-il que je te considère comme un « saint homme », offrant tout, y compris le meilleur de ta vie – nous –, à Dieu ? A vrai dire, pourquoi nous épargnerais-tu ce que tu ne t'épargnes pas ? Dieu te demande-t-Il tout ? Ta vie ? Dans cette logique, tu la lui donnes généreusement et tu offres en même temps ceux qui font « partie » de toi, ta femme et tes enfants. J'essaie de lire ton geste ainsi et j'espère que tes enfants, adultes, seront aussi capables de le faire.

Tu me fais penser à Thomas Moore et au film « A man for all seasons. » Je ne me souviens pas du titre dans la version française. Ou au livre de Khalil Gibran, *le Prophète*, qui m'avait beaucoup touchée quand je l'avais lu, vers vingt ans. Je me souviens en particulier d'un passage à propos de deux grands arbres – j'ai oublié lesquels – incapables de vivre côte à côte, en raison de leur taille. Ça peut paraître vaniteux d'oser un tel parallèle mais ça parle quand même, non ?

Tu vois, en pensant à toutes ces références, je retrouve la paix, voyant aussi que trop de hasards se bousculaient pour que ma lettre ne soit pas voulue par Dieu.

Tu me disais souvent que « Dieu écrit droit à travers les lignes courbes de notre vie » ; venons-nous d'en traverser une ?

Il n'en reste pas moins que je continue à t'aimer puisque c'est là la seule vocation que je me connaisse, le seul « message » de Dieu dont je sois sûre : « Aime-le, c'est tout ce que je te demande. Tout le reste, je m'en occuperai. » Et cette parole n'a pas été démentie par les faits depuis que je l'ai « entendue » voilà plus de dix ans maintenant…

Et pour les enfants, avant qu'ils n'atteignent l'âge adulte et puissent éventuellement lire le geste de leur père comme je tente de le faire, s'il te plaît, encore une fois, agis.

Oui, prie Dieu de t'inspirer le bon comportement et agis, de grâce, pour qu'ils puissent pousser droit, sans cicatrices meurtrières. Je compte sur toi pour qu'ils ne se sentent pas abandonnés de leur père et pour qu'ils se sachent aimés de toi. Dieu fera le reste. Je crois t'entendre me dire « Dieu y pourvoira ».

À toi que j'aime,
Ma « petite » prière t'accompagne,
Sois saint.

Lettre vraiment envoyée

19 septembre 2007 (mais postée le 1er octobre, jour de la Ste Thérèse de l'E.J., avec une réception espérée le 4 octobre, jour de la St François d'Assise, un saint que nous aimons particulièrement tous les deux)

Objet : tes enfants

Cher X,
Merci de lire ma lettre jusqu'au bout pour le bien de tes enfants qui souffrent. Je choisis de ne pas donner d'exemples de leur souffrance pour ne pas rallonger ma lettre mais tu l'imagineras facilement, toi l'enfant choyé de ses parents.
Avec le temps, il m'apparaît que nous avons tous les deux été égoïstes – égoïsme ou erreur de jugement, Dieu seul en jugera – moi en te demandant de choisir entre nous et le sacerdoce et toi en acceptant ce choix impossible.
Je dis « égoïstes » par rapport aux enfants car c'était une « solution » sans tenir compte de leur bien-être.
Je te demande donc de revenir sur la situation avec moi pour y réfléchir « à nouveaux frais », en pensant d'abord aux enfants (Enfants de Dieu) et non à nous deux ou même à l'Eglise-Institution.

« Où est leur Bonheur ? Leur équilibre ? » Voilà la question.

Puisque tu ne veux pas renoncer au sacerdoce – et je ne te blâme pas, même si je ne trouve pas ma place – il faut trouver une 3ème voie pour assumer ta paternité – indéniable – et ta vocation, en même temps.

J'accepte de me tenir à l'écart, en retrait, par amour pour toi et par souci de plaire à Dieu. En effet, comme je ne sais pas quoi faire par rapport à toi, pour Lui plaire, je ne peux que t'aimer. Or, il me semble que t'aimer suppose de te laisser libre de ton choix par rapport à moi. Sauf que vu le revirement : du « Reste-moi fidèle quoiqu'il arrive. Tu es ma femme. Je t'aime. » au « J'ai vécu dans le péché… » de ta dernière lettre, je doute de ta liberté intérieure ! Et puis, je me dis que c'est une injustice par rapport à moi, un manque de respect car « Ce que Dieu a uni, nul ne peut le séparer. » et que donc l'un comme l'autre, nous n'avons pas le droit de dire « Je coupe », « Je romps ». Et même, si nous le faisons, dans les faits, il ne se passe rien puisque l'union est en Dieu. Nous n'avons donc plus aucun pouvoir ; nous sommes dans l'illusion totale, agissant comme si nous étions les maîtres, alors que nous n'avons « qu'un seul Maître ».

Je ne voulais pourtant pas parler de nous deux ! Je me fais violence pour revenir aux enfants.

Si j'accepte donc ton choix par rapport à moi, en revanche, je ne peux pas ne pas te demander d'assumer les conséquences de ce que tu nommes « péché » (moi pas).

Mon devoir de mère consiste donc à secouer énergiquement et avec détermination le père de mes enfants pour qu'il réalise la nécessité, non de nier comme il semble le faire, mais de regarder la réalité bien en face, de la prendre à bras-le-corps afin de l'assumer pour le bien de nos enfants – Enfants de Dieu qu'Il *t*'a confiés, autant qu'à moi, en te faisant père.

En effet, eux, ils n'y sont pour rien si l'Eglise-Institution ne veut pas de prêtres pères de famille, bien qu'il y en ait beaucoup, même des reconnus, tu le sais mieux que moi, par exemple passés du protestantisme au catholicisme, sans avoir à renier leur femme et leurs enfants.

Comment assumer cette paternité vu la situation ?

Je n'ai pas de solutions clef en main mais seulement quelques pistes que je te soumets. Il me semblerait significatif que :

- Tu leur envoies une vraie lettre à chacun de temps en temps et en particulier pour leur anniversaire, fête et à Noël ;
- Tu leur fasses un cadeau à ces mêmes occasions ;
- Tu t'arranges pour les rencontrer régulièrement. (Comment ? Je ne sais pas mais on peut trouver des solutions.)
- Tu participes à leur éducation, financièrement et par des conseils à leur mère.

Je te remercie de m'avoir lue et fais confiance à ton cœur de père si aimant, je ne peux en douter.

Que Dieu te bénisse et t'aide à faire sa sainte Volonté d'Amour – « Dieu est Amour » –, y compris auprès de tes enfants.

Ta sœur et mère de tes enfants qui t'aime et qui prie aussi pour toi,
Avec détermination,
X
Merci de répondre par courrier papier.

Restée lettre morte.

Je me suis de nombreuses fois essayée à des titres :

Un prêtre avec des enfants peut-il être saint ? Comment ? En les abandonnant pour rester fidèle à l'Eglise ? (A vrai dire, c'est banal. Le plus célèbre étant sans doute St Augustin, que tu admirais beaucoup, pour d'autres raisons, avouons-le !)

Abandon de famille sur l'autel de la vocation

Familles déclassées : j'accuse !

A l'homme que j'aime mais qui hélas est prêtre

*Je t'aime contre **vents** et marées.*
Vatican
En
Nuisance
Terminale
Sous couvert de sainteté

Brise-Vie

*To be **two** saints or not to be*

Fidélité à l'Eglise : jusqu'où ne pas aller ?

Désir de sainteté rattrapé par l'idéologie ?

« Quoiqu'il arrive, reste-moi fidèle. » Lettres de l'épouse d'un prêtre.

À vous mes x amours

26 novembre 2007

My aim in life is trying to find a meaning to what has none. The Catholic Church, through the way it behaves towards priests in love and towards the women concerned destroys a lot of loving situations.

It creates such a stress around the couple that only a few can survive because love needs confidence all around to develop. I have undergone such a trauma by being pushed aside the way I have been!

When I watched this program on the American Church in Paris, I realized how happy and cheerful we could have been, X and I, living a married couple life. I would have enjoyed being a vicar's wife. I think I would have lived it as a privilege. That of helping a man serving the Lord and its people, whereas in our situation, I just have my sufferings to offer the Lord if that has any meaning at all.

It is such an underground way of loving and of serving the Lord that you feel you are not in the world. You are underground while other people live in the open air.

In a way, I very well imagine what illegal immigrants, as some call them, can feel: not living in the same world as others, being condemned to live underground, always hidden.

I wish the Catholic Church could understand how damageable its behaviour is and how much it lacks openness.

Unfortunately, it is obvious that this Church is in the hands of very few conservative people who keep all the power. There is no hope for a quick change. All the efforts that have been made in the sense of more openness are rejected: theologians banned and married priests rejected from the Church.

Much expertise has been lost. Many lives have been broken. And we can imagine that in a couple of centuries, someone, a Pope or so, will repent in the name of the Catholic Church. But it will be too late for all those broken lives.

Will someone in the Church hear my message and act to prevent more damage being caused?

Is it still the Church of the Lord Jesus Christ?

It is so harsh to see all those people with a proper family when you have none, being on your own with your children! But the Lord experienced that feeling that nobody cares for you (friends excepted).

11 décembre 2007

Toi, le caractère de braises, je t'imagine maintenant calme et imperturbable, parlant peu (sauf en conférences), vivant en semi ermite, rat de bibliothèque, assurant tes cours et repartant te terrer dans la prière et le travail intellectuel, t'y tuant même peut-être, pour ne plus penser à nous, pour ne plus désirer un baiser, un câlin, un « coucou Papa ! » dans le jardin.

…

Dire qu'un jour, dans les derniers temps, alors que je te racontais que j'avais commencé à « écrire », tu m'avais répondu qu'avec une page, il fallait en faire dix, que j'avais du talent et qu'il fallait continuer sur cette voie ! J'y repense soudain et je la vis rétrospectivement comme un choc.

18 décembre 2007

J'ai rencontré un avocat. Il m'a expliqué que ma « lettre » et donc ta réponse n'avaient aucune valeur juridique : on ne peut pas renoncer à ses enfants. Il m'a aussi détaillé comment lancer, le cas échéant, une action en recherche de paternité, ce que nos enfants pourront également faire à l'âge adulte si moi je ne l'ai pas fait d'ici là. Je te passe les commentaires de mon carnet, de même que bien des petites notes de tous les jours… Ecrire m'a servi d'exutoire ; de catharsis, comme à bien d'autres…

2 janvier 2008

Quelle ambivalence en moi ! Quel conflit latent ! D'un bord attirée par un idéal de sainteté, touchée au cœur par la phrase de St François de Sales : « Qui désire ardemment l'amour aimera bientôt avec ardeur. » Et de l'autre, un désir *d'Etre plus*, pour pasticher Teilhard de Chardin (un ouvrage que tu m'avais offert voilà bien longtemps…), au sens où vivre seule, sans amour, sans l'amour d'un homme 'with skin on' (dixit une amie britannique) s'apparente à la traversée d'un tunnel ou plutôt d'un vrai souterrain ! Sauf que moi je ne suis pas comme le Théo de Philippe Larcher, dans *Une île sans elles,* un roman sympa trouvé voici quelques temps de passage à Angers. Je ne me « lâche » pas pour la seule plasticité d'un homme, même si je peux ressentir une attirance physique réelle… Mes freins fonctionnent bien ! D'ailleurs, je raisonne peut-être un peu trop. Vielleicht… mais dans ma situation, garder la tête froide, ou la plus froide possible, me semble un gage d'équilibre. Tiens, tout ça me rappelle un article paru dans l'Express du 13 juillet 2006 (j'ai recherché !) : l'ère du néopragmatisme sentimental ! En clair, « il n'y a plus un amour, mais des amours. », p.60. Je croyais rêver ! Le phénomène des « fucking friends » par exemple : pas d'engagement ; juste un contrat. L'autre est là pour te faire l'amour quand tu en as besoin et réciproquement. Gravissime je trouve. Quelle tristesse ! Eh bien, moi, franchement, ça ne m'intéresse pas. C'est du tout (amour total) ou rien. Et donc, vu ton choix, c'est rien. Et difficile à vivre au quotidien car, comme tout le monde (ou presque), moi aussi j'aimerais bien un petit câlin de temps en temps et même plus. Et puis pouvoir échanger, discuter, se disputer et se demander pardon… La vraie vie pour moi…

Vais-je devoir en arriver à reconnaître que je n'arriverai jamais à retrouver ma joie de vivre si je m'enferme coûte que coûte dans la fidélité ? Lui a choisi son chemin, sans moi, sans nous (bien que contraint par son désir de vivre sa vocation, donc au détriment du reste) et il va bien falloir que ma prière devienne vraie, que je prie enfin Dieu honnêtement, sans verser dans l'angélisme, autrement dit, en reconnaissant le désir caché dans mon cœur de « refaire ma vie » d'une façon ou d'une autre… Refaire sa vie pour la plupart des gens signifie se remarier ou revivre avec quelqu'un du sexe opposé généralement, et ce après une rupture ou un deuil. Pour moi, c'est plus large. Sans doute parce que je ne me sens pas vraiment capable d'aimer vraiment à nouveau. Pas en superficialité mais d'aimer vraiment en s'y investissant, en le vivant comme une vocation, comme une sorte de mission où l'on se retrouve à trois pour tenir : la femme, l'homme, et Dieu. Je sais pour beaucoup, je vais passer pour une demeurée. Qu'importe ! Je les respecte et les comprends même car je connais bien des gens fidèles qui forment des couples heureux et équilibrés, en dehors de toute foi. Et j'ai un grand respect pour eux, comme pour tous ces gens de gauche très engagés pour plus de justice sur terre (qui donnent de belles leçons aux croyants au passage !). Refaire ma vie reste pour moi très ouvert : je le vois comme retrouver comment vivre l'amour dont j'ai besoin – de donner et de recevoir – en ton absence. Jusque-là, tout me paraissait bouché. Maintenant, j'arrive à penser et à croire que « Dieu est plus grand que notre cœur » et qu'il peut me donner de trouver du sens là où en apparence, il n'y en a plus ; là où il n'y a que de la souffrance.

Voilà ce que j'avais écrit un autre jour sur le sujet. Je ne retrouve pas la date.

Comme je rêve d'amour ! Si je devais me comparer à un personnage de roman, ce serait Jane Eyre. J'ai souffert, beaucoup, moins qu'elle, au moins dans mon enfance, mais beaucoup quand même. Je ne suis pas ce qu'on peut appeler « belle ». On peut même me trouver terne et sans rien d'attirant. Mais si l'on me perce à cœur, on découvre une nature brûlante et passionnée, vraie et cherchant la Vérité, la beauté intérieure et non les charmes extérieurs. Un être en quête d'amour vrai et sans fard, romantique à souhait sans doute. Comme je voudrais rencontrer un Rochester comme elle ! Un homme qui aurait souffert et qui, du coup, pourrait me comprendre, qui pourrait m'admirer dans ma lutte désespérée, qui pourrait me soutenir. Oui, c'est cela qui me manque : une épaule forte et solide contre laquelle m'appuyer ; un cœur à l'écoute ; un être calme et vrai, passionné par la nature mais à l'aise en société… Est-ce un lord anglais qu'il me faut ?? Je me moque certes de moi ! Je pourrais traduire en anglais quelque chose comme « Recherche Lord anglais pour rencontre vraie et durable. Superficiel s'abstenir ! »

Voilà une petite annonce matrimoniale pour le moins originale et fantasque !

Si j'arrive à me moquer ainsi gentiment de moi, ça doit être bon signe.

5 février 2008

Aujourd'hui, je devais aller à…, et pressée en route de soulager un petit besoin naturel, j'ai ralenti pour prendre une petite route qui me semblait porteuse de cachettes. Quelle ne fut pas ma surprise de découvrir que le hameau s'appelait « l'Espérance» ! J'ai pris cela pour un clin d'œil du Très-Haut en ces jours où cette denrée me faisait tellement défaut. Car enfin, vous aurez beau me dire qu'il en est de bien plus malheureux que moi – je le sais – n'empêche que je ne suis pas une femme heureuse, que je recherche désespérément du sens à ma vie et que l'absence d'amour – ou au moins le choix délibéré de son absence d'expression – crée en moi un grand vide, tout froid autour de moi. Oui je souffre beaucoup et rêve, comme tout le monde (?) d'être aimée en retour. Et je ne comprends pas ce que le Seigneur veut de moi. Rester seule pour Lui me paraît si triste et si gris, si difficile aussi ! (Pardon aux religieuses : je les considère pourtant avec envie comme les plus grandes amoureuses qui soient !) Mon confesseur qui me suggérait qu'il faudrait trouver un homme qui puisse m'aimer comme ça, j'allais dire « en l'état », avait peut-être raison… Pour filer la métaphore immobilière, j'ajouterais que ma maison ne brille pas par sa beauté mais qu'elle a le mérite d'être vraie, authentique. Pas de strass ni de paillettes mais de la solidité intérieure, en dépit de la souffrance. Un allemand dirait-il « stark und frei » ? Encore une référence qui me vient de toi qui aimais tant une chanteuse allemande, dont j'ai oublié le nom, mais qui interprétait une chanson intégrant ces paroles, dans nos années de Bonheur...

15 février 2008

Aujourd'hui ton aîné m'a fait remarquer de but en blanc que, pour nous, la parole de Jésus « Heureux ceux qui souffrent à cause de moi… » était une réalité. Il a utilisé « pour nous, c'est vrai. » Ah ! L'acuité des enfants ! Quelle finesse dans la perception à son âge ! Quelle maturité ! Il a tout compris cet enfant ! Moi j'ai repensé au panneau du hameau « l'Espérance ». Et réfléchissant par comparaisons, je me suis souvenue des dernières vacances. Ne me suis-je pas arrêtée toute étonnée devant le panneau « St Rome de Tarn » ? Le Seigneur voulait-Il m'y transmettre un message que je ne perçois que maintenant ? « Soyez saints comme votre Père Céleste est Saint » ? Est-ce notre voie ? Oui, bien sûr, nous désirons tous les deux la sainteté…

Heureusement, ce soir, mon cœur s'apaise, en écoutant cette belle Parole qui résonne toute seule en moi : *« Le secours te viendra du Seigneur qui a fait le ciel et la Terre. »* Oui, tout me mène dans le sens d'une Espérance. Je sais que je dois Espérer. Je sais aussi que je ne dois pas espérer *que*… Il y a un point après Espérer car, faisant totalement confiance à Dieu, je n'ai rien à attendre de précis. Il sait mieux que moi ce dont j'ai besoin. Alors, oui, Seigneur, je me couche et je dors dans la Paix « **car Tu me donnes d'habiter, Seigneur, seule dans la confiance.** » Gloire au Père, au Fils et au Saint Esprit… Oui, il faut se coucher tous les soirs comme si on allait mourir dans la nuit : le cœur propre et l'âme aussi prête que possible à se présenter devant Dieu. Je ne dois pas non plus me crisper : tout adviendra comme le Seigneur le désire, en son temps. Je dois juste confier X et les enfants à Dieu. Amen.

19 février 2008

« Dieu prendra mieux soin de vous que moi. » concluais-tu dans ta dernière lettre. Grotesque ! Grand guignolesque ! Je ne crois pas à ce Dieu-là ! Ce qui m'inquiète, c'est que je crains que tu ne sois devenu un « objet » dans les mains de certains qui ferait bien de toi un… quoi ? Evêque ? Plus ? Il suffit de te formater auparavant. Ça ferait bien… Mais si tu es « más papista que el Papa » (plus royaliste que le roi), qu'apporteras-tu au monde ? Des fadaises sur la chasteté au lieu de parler de l'amour vrai, qui n'exclut pas le sens de la chasteté mais orientée et non rigide comme actuellement où personne ne sait au juste pourquoi on l'impose aux prêtres mais où on la défend parce que le Pape l'a décrétée, parce que c'est la Tradition avec un T majuscule, parce qu'on perdrait des fidèles chez les ultras qui risqueraient bien à nouveau de devenir schismatiques etc. Alors, grand Dieu ! Non ! Cachez ce sein que je ne saurais voir !

Mais bon sang ! Réagis ! Tu ne vois donc pas que nous sommes tombés dans un piège et que tu risques de te faire reformater à ton insu ! Ailleurs on parle de lavage de cerveaux… Quelle catastrophe si tu deviens un pantin, un joujou alors que tu crois être libre ! Non, je crains qu'il n'y ait pas grand-chose à espérer… Le rouleau compresseur est passé par là et les plus belles intelligences peuvent tomber très bas quand l'idéologie les entoure et pire, qu'elles se sentent investies d'une mission…

Pardon ! Je me laisse emporter !

Si tu m'as demandé trois ans, c'est bien qu'il devait y avoir une raison. Je ne t'ai pas interrogé sur le « pour quoi ? ». Je n'y ai pas cru. J'étais tellement désabusée, déprimée peut-être, fatiguée sûrement… Je m'en souviens comme si c'était hier, et pourtant c'était pendant l'été 2005. Tu m'avais prise dans tes bras et puis, tu m'avais offert un anneau en me demandant si je voulais bien être ta femme. Comme auparavant, tu avais une fois mimé la scène de demande en mariage, en la travestissant pour rire certes, mais que ça m'avait beaucoup blessée, cette fois-là, je me suis méfiée. J'ai eu peur de souffrir à nouveau. Puis tu m'as dit : « Donne-moi 3 ans. Quoiqu'il arrive, reste-moi fidèle ». Et moi, je me souviens t'avoir répondu : « ça fait 15 ans que j'attends alors… ». Au lieu de dire : « mais pour quoi ? ». Evidemment, si on pouvait refaire l'histoire… Et la suite des « vacances » a été une série de fermetures…, de blessures de part et d'autres, comme un dialogue de sourds, dont la cause était largement extérieure… Une telle pression… Presque palpable dans la maison… Toujours ta crainte pour notre sécurité. Mais pourquoi ? À tel point que j'en devenais parano. Quand je sortais, je craignais toujours d'être suivie ; je craignais pour les enfants, surtout pour tes grands qui rentraient déjà seuls de l'école. Mais que diable t'avait-on dit ? Quelles menaces avait-on proférées pour que quelqu'un d'aussi rationnel que toi devienne aussi stressé ? C'était du harcèlement moral.

Je ferai mieux de tourner la page, une fois pour toutes. Sans doute, mais avant j'écrirai au Pape et probablement irai-je jusqu'à faire publier, à compte d'auteur si nécessaire ces écrits.

D'ailleurs, j'en profite pour avertir mes amis et mes proches, enfin ceux qui se sentiraient concernés, que si moi, les enfants ou toi, mon Soleil, venions à mourir de façon étrange, je vous serais très reconnaissante de faire lancer une enquête. En effet, je sais bien qu'en cherchant à faire publier ces pages, je ne vais pas me faire que des amis et que je prends des risques, pour toi comme pour nous. Cependant, si personne ne parle, comme au meilleur temps des dictatures, c'est l'enfer au bout du chemin. N'oubliez pas non plus d'aller faire quérir mon testament déposé depuis belle lurette chez notaire. Ça pourra servir.

Dimanche 2 mars 2008

Au cœur de l'épreuve, alors que la douleur se ravive, je décide de m'abandonner totalement à Dieu qui m'assure qu'Il est Celui qui me guérit.

A la messe, je mouille plusieurs mouchoirs. Je me sens tellement unie à X. Et plus je prie, pire c'est.

Je veux laisser toute la place à Dieu pour qu'Il vive en moi. Je sens que je suis sur la bonne voie car c'est simple et pur. C'est vrai.

Mercredi 5 mars 2008

Ça y est : j'ai photocopié et posté la lettre pour le Saint Père avec une copie pour information à X. Il ne s'y attend sans doute pas ; ça va lui faire un petit choc ! S'il ouvre, car vu son caractère et sa décision, il est bien capable de mettre à la poubelle tout ce qui arrive de moi !

À vrai dire, je suis soulagée car j'ai beaucoup douté avant de poster. Avais-je raison ou pas ? Quelles conséquences pour X ? Mais au fond de moi, je sentais bien que, oui, qu'il fallait que le Pape sache, que cette souffrance devait être exprimée et entendue en hauts lieux. On verra bien les conséquences. Rien peut-être et alors il faudra sérieusement songer à publier anonymement... Wait and see ! En tout cas, je me sens comme quelqu'un qui a accompli sa mission, qui a franchi un cap, lourd et symbolique, et qui, du coup, se sent plus léger ! La confiance en moi est revenue en même temps ! Je doutais tellement de bien faire...

27 février 2008

À l'attention de Sa Sainteté le Pape Benoît XVI

Votre Sainteté,

En ce jour ……., c'est vers vous que je me tourne pour vous crier « Au secours ! » ;

X, prêtre du diocèse de……., est un homme remarquable que j'aime de tout mon être depuis notre rencontre à …….. en …… Depuis, je lui suis toujours restée fidèle, me sentant 'appelée' par Dieu à l'aimer.

Nous avons x enfants nés en …….

Vos services sont déjà au courant de notre amour : en 2003, X m'a envoyé une lette d'amour à partir de sa boîte mail du Vatican et elle a été interceptée.

Ensuite, nos téléphones ont été mis sur écoute et un prélat en a fait écouter une partie à X qui m'a tout relaté.

Depuis, l'étau s'est toujours resserré, jusqu'à devenir invivable (c'était sûrement le but ; je l'ai compris un peu tard), à tel point qu'en septembre 2005, X m'a téléphoné pour me dire qu'il ne pourrait plus le faire.

Sans réponse à mes nombreuses lettres, à bout de souffle et de force, en février 2007, je lui ai demandé par courrier de choisir entre nous et sa vocation.

Réalisant subitement le piège dans lequel nous étions tombés, je lui ai ensuite demandé de revenir sur sa décision, ce qu'il a refusé.

Toutefois, devant la souffrance de mes enfants, et la mienne, je suis allée prendre conseil auprès d'un avocat qui m'a assurée de la nullité de ma lettre de février 2007 et donc aussi de son renoncement à nous.

J'ai toute confiance en sa vocation, et depuis notre rencontre, je supplie le Seigneur de donner du <u>sens</u> à <u>ma vie</u>, car je n'en vois guère et souffre terriblement.

Le seul qui me comblerait serait d'épouser l'homme que j'aime et de pouvoir vivre en famille, sans être rejetée au rang des femmes de petite vertu, ce que je ne mérite pas, et sans que nos enfants souffrent de la privation de leur père, naguère si aimant.

Sans doute est-ce pour cette raison que j'ai été si profondément marquée par une phrase que vous avez prononcée au sanctuaire marial de Lorette en septembre dernier :

« Aucun d'entre vous ne doit se sentir marginalisé, aucune vie n'est sans importance et toutes ont un sens. »

À vrai dire, je doute fort, vous l'avez compris, que l'Eglise Catholique ait raison de refuser le mariage des prêtres et je crains même que dans quelques siècles, un de vos successeurs n'ait à demander pardon pour les souffrances infligées à tant d'êtres par les rigidités de l'Eglise Catholique…, ce qui ne m'empêche pas de prier pour que nous ayons de <u>saints</u> prêtres. Le mariage serait-il une souillure ??

Je vous supplie donc par l'intercession des Saints, dont Ste Thérèse de l'Enfant Jésus qui n'a pas craint d'aller plaider sa cause auprès du Pape, d'écouter ma demande et de me permettre d'épouser l'homme que j'aime, pour que nos enfants vivent dans la joie d'un foyer réuni.

Vous trouverez en pièce jointe la photocopie de deux documents qui vous prouveront que j'ai eu le souci (comme toute épouse) de la famille de X dès le début (...)

Notez que de son côté X a fait ce qu'il pouvait pour nous aider financièrement, jusqu'en août 2005. Cette procuration sur mes comptes vous prouvera également combien X se sentait lui aussi « époux » : en bas de la feuille, dans les coordonnées du mandataire, il a écrit puis rayé son prénom en face de la rubrique « Prénom du mari ».

Avant de conclure, permettez-moi de vous livrer quelques réflexions qui me sont venues à la relecture de votre 1ère (et très belle) encyclique « Dieu est Amour ». (...)

P.33 (Edition Bayard/Centurion/Fleurus/Mame et Cerf), on lit :

« Le mariage fondé sur un amour exclusif et définitif devient l'icône de la relation de Dieu avec son peuple et réciproquement : la façon dont Dieu aime devient la mesure de l'amour humain. »

Dieu a confié une femme et des enfants à X. En renonçant à eux, en les abandonnant, ne nuit-il pas à l'image de la relation de Dieu à son peuple ?

Par ailleurs, comment X (comme moi-même d'ailleurs), pouvons-nous être vraiment nous-mêmes en vivant ainsi <u>écartelés</u>, sachant que *« c'est seulement lorsque les deux [corps et âme] se fondent véritablement en une unité que l'homme devient pleinement lui-même.»* p. 23

En effet, lui lutte contre son amour de père et de mari et moi, je ne peux pas exprimer mon amour d'épouse sinon en suppliant Dieu tous les jours pour l'homme que j'aime (et ses enfants). Il m'est aussi difficile d'être une femme épanouie et une « bonne mère » tant l'absence de mon mari m'attriste. Ma vie est une lutte pour ne vivre que d'Espérance. Il est frappant à ce titre de remarquer que le mail de X, intercepté par vos services (ceux de votre prédécesseur) et à l'origine de l'exacerbation de notre souffrance s'intitulait « Espérer contre toute Espérance ».

De plus, élever seule des enfants tout en travaillant à plein temps, pour ramener un salaire à la maison, relève du défi, vous l'imaginez bien.

P.36 : *« Celui qui a besoin de moi et que je peux aider, celui-là est mon prochain. »*
Les enfants de X ont besoin de lui pour grandir et s'épanouir. Comment peut-il alors dire qu'il les abandonne pour « ne plus mentir à Dieu », comme il me l'écrivait dans sa dernière lettre ?

Il pense peut-être avoir menti à Dieu en devenant mari et père et, du coup, abandonne femme et enfants pour revenir à Dieu. Le désir est peut-être louable mais la réalité terrifiante.

Et plus loin, dans l'encyclique, on lit : *« Le concept de prochain est universalisé et reste cependant concret. »* Les enfants d'un homme, par exemple, c'est concret ! La femme envers laquelle il s'est engagé aussi !

Mieux, p. 37 : *« Fermer les yeux sur son prochain rend aveugle aussi devant Dieu. »* Comment peut-on fermer les yeux sur ses propres enfants qui souffrent ? Ceux nés de sa chair ? Sur la femme qu'on a jadis appelée « chair de ma chair » ou « mon Autre moi-même » ?

P.40 : « *Si, par contre, dans ma vie je néglige complètement l'attention à l'autre, désirant seulement être « pieux » et accomplir mes « devoirs religieux », alors même ma relation à Dieu se dessèche.* »

X n'est-il pas en danger ? En train de « spiritualiser », de tomber dans le « devoir », de verser dans l' « idéologisation » de son ministère, en essayant de mettre un voile sur une réalité gênante ?

Mais nous existons ; nous sommes là, vivants et souffrants !

Pour conclure, p.41, « *l'amour est « divin » parce qu'il vient de Dieu et qu'il nous unit à Dieu [...]* ».

Pourquoi l'amour vrai entre un homme prêtre et une femme (qui lui est fidèle depuis toujours) ne serait-il pas aussi divin ? Moi, je suis convaincue que notre amour l'est.

En désespoir de cause, je vous supplie donc, en tant que Supérieur de l'homme que j'aime et de Saint Père, de rappeler X à ses devoirs de père, de lui demander de s'occuper de ses enfants concrètement, et pas seulement en priant pour eux.

J'entends par là, comme un « bon père » (comme naguère), par exemple en leur écrivant, en leur offrant de petits cadeaux à Noël et à leurs anniversaires, témoignages de son affection, en s'organisant pour les rencontrer plusieurs fois par an et en contribuant financièrement (mais pas seulement) à leur éducation.

Soyez assuré, Cher Saint Père, de mon désir d'être sainte, mais sans devoir renier ce divin amour que je vis, et que l'Eglise hélas, par ses positionnements, nous empêche d'exprimer.

Recevez l'assurance de mon respect, blessé.

Copie à X pour information.

Dimanche 6 avril 2008

"What else have I in heaven but you? Since I have you, what else could I want on earth? My mind and my body may grow weak, but God is my strength; He is all I ever need." Ps 73, 25-26 cité p. 203 dans *Turning Point, Is there any hope for broken lives?* de Jennifer Rees Larcombe, Hodder & Stoughton, 1994. Dieu bénisse mes amis d'Outre-Manche pour le soutien qu'ils m'apportent, par exemple, grâce à ce livre qui m'a bien aidé au cœur de la tourmente.

Je ne peux pas pardonner à l'Eglise-institution ou, plutôt, maintenant je pardonne (ce fut un long chemin…) mais je ne peux pas le taire. Je souhaite que notre parcours soit connu, que les souffrances qu'on nous a infligées soient rendues publiques. Ai-je tort ? Est-ce un désir de vengeance ? Non, je ne le pense pas. Juste le besoin de dire, de faire connaître une injustice pour qu'elle cesse et ne se reproduise pas, pour que la vérité soit connue car l'Eglise est en tort, je ne peux pas en démordre.

Toujours pas de réponse du Vatican ni du Nonce à qui j'avais envoyé une copie. Faut-il même en espérer une ? Que faire ? Ecrire à ton évêque ? Ah quoi bon ? Si le Pape ne prend pas la peine de me répondre, je pourrais bien écrire à tous les évêques de la Terre que pas un seul retour ne me parviendrait ! Il ne me reste que la lettre ouverte, celle à laquelle je songe depuis longtemps, en secret.

Publier ou faire publier ce long calvaire. Plus le temps passe et plus l'idée me tente. Cependant, je me retiens par la manche. Je me défie moi-même. Quels sont les vrais motifs de ma fébrilité ? Orgueil ? Vanité des vanités ? Notre histoire, un faire-valoir ? Et mon désir de sainteté dans tout cela ?? Etre saint, c'est quoi au juste ? Réaliser non pas juste avec sa tête mais bien avec son cœur que Dieu nous aime, nous, moi, personnellement, et vouloir entrer dans cette relation d'Amour. Vivre de cette relation d'Amour…

Si j'étais sainte, jetterais-je tous ces écrits au feu ? Non. Il me semble, comme il m'a toujours semblé, que notre amour plongeait ses racines dans la Sainteté de Dieu, et qu'à cause de cela, il était digne et infiniment beau, même si nous pécheurs, n'y avons peut-être pas mis les teintes que Vous, Seigneur, auriez aimé nous voir y mettre. Je continue à aimer X infiniment, profondément, comme quelqu'un qui serait passé de l'autre côté du rideau – du rideau de fer ou du rideau de la mort – sans espoir hélas de le revoir en cette vie.

23 avril 2008

Ça y est. Le choix est posé. Je ferai publier ces pages pour lever l'hypocrisie, la dénoncer, sachant que beaucoup de femmes – avec des raisons qui sont les leurs et que je respecte infiniment ayant moi-même gardé le silence pendant 17 ans – préfèrent se taire et souffrir en silence.

Mes raisons à moi de me taire si longtemps, quelles étaient-elles ?

Protéger dans un premier temps notre bulle de survie, ce qui a fonctionné pendant 13 ans. Ensuite, résister à l'espionnage et au harcèlement en se terrant... sans se rendre compte que l'air de ce huit clos allait devenir irrespirable, tellement vicié qu'il provoquerait l'implosion...

C'était un piège ; j'y suis tombée. J'aimerais que tu assumes en me corrigeant : « Nous y sommes tombés ». Hélas dans ta dernière lettre, tu défendais déjà l'Eglise avant même que je ne la dénonce !

Et voilà un 2ème piège dans lequel il serait facile de basculer : amalgamer amour et idées ou positionnements. Je m'explique. J'ai beau t'aimer, je ne dois pas me mettre en colère contre toi – la pente est douce – sous prétexte que tes opinions à l'égard de l'Eglise – ton employeur ! – me déplaisent ! Je dois bien faire la part des choses entre d'une part l'amour que je te porte et d'autre part le débat d'idées sur l'Eglise et en particulier sur le célibat imposé aux prêtres. Etre capable de mettre à distance les sentiments pour une personne pour discuter sur le positionnement idéologique, voilà qui n'est pas simple, en tout cas pour moi ! Ségolène et son ex en furent-ils les victimes ??

Je reviens sur l'hypocrisie mentionnée au début. Il ne faut pas se méprendre en effet. Il ne s'agit pas de l'hypocrisie des femmes. Elles ne pèchent pas par hypocrisie mais par « excès d'amour », un domaine où l'excès est le bienvenu ! (On aime jamais trop n'est-ce pas ? Mal peut-être... Dieu seul en jugera.)

Ces femmes aiment tellement qu'elles en deviennent capables de taire l'insoutenable : la non-reconnaissance de leur amour, de leur vrai statut, pire la relégation aux yeux de certains, voire dans les propos, au bas de l'échelle : femmes de mauvaise vie, maîtresses... Bien peu osent le « épouses de prêtres » qui, même s'il reconnaît charitablement une vérité, ne redonne pourtant pas la vraie légitimité que seul le sacrement du mariage pourrait conférer.

Le vrai débat ne me paraît pas de savoir si elles ont eu raison ou pas de se taire et de se terrer (avec le silence complice de l'évêque, supérieur de leur « mari »qui cherche en général à ne pas ébruiter l'affaire, à bricoler un arrangement maison au niveau du diocèse, la règle d'or étant bien sûr de ne rien révéler à la hiérarchie et de ne pas renvoyer le prêtre, une espèce rare. Les enfants seront de père inconnu, au moins sur le papier. On aura sauvé les apparences. Sépulcre blanchi ! «Dieu reconnaîtra les siens ! » Cependant, je comprends aussi les évêques, coincés qu'ils sont et cherchant à concilier l'inconciliable, pour le moment -Progressistes de tout pays, unissez-vous !), mais bien celui qui permettra de réfléchir au bien-fondé ou non du célibat des prêtres. Or, la chape de plomb pèse depuis des siècles, sans que quiconque ne tente – n'essaie ? – de la soulever. Là encore, pas question de juger le silence des prêtres en général, même des concernés. D'ailleurs ceux qui essaient d'en parler sont priés de se taire et comme la règle est l'obéissance, on ne va pas loin ! « Perdre sa place » quand on est persuadé d'avoir la vocation, revient sûrement à perdre, au moins en apparence, le sens de sa vie. Et qui souhaite en arriver là ? Quelle femme elle-même pourrait pousser un homme à en arriver là ? Qui suis-je, moi qui écris et qui veux publier, tout en sachant les possibles conséquences pour l'homme que j'aime ? Une égoïste de première ? Ou quelqu'un qui croit aux idées, à la liberté de penser – donc de penser contre. Ma vie étant déjà brisée, certes, je n'ai plus rien à perdre ! (Un peu d'humour ne nuit pas !). Mais toi, ta vie n'est pas brisée (en écrivant cela, je me dis que je ne sonde pas ta souffrance et qu'au contraire, tu dois vivre « jusqu'au martyre » comme tu l'écrivais aussi dans cette fameuse lettre de renonciation) : tu es encore en poste et tu crois toujours à ta vocation, seule raison de supporter ce supplice, affectif mais aussi j'imagine intellectuel. T'écraser devant le rouleau compresseur par respect pour « notre mère l'Eglise ». C'est là que moi je ne te suis pas. Forte tête ? Chacun pourra en penser ce qu'il veut. Moi je me place devant mon seul Juge et je n'arrive pas à envisager que je doive me taire, « me la boucler ».

Bien sûr, je sais qu'il existe des prêtres qui respectent, et même vivent bien le célibat. J'en connais je crois et je me réjouis de les voir si épanouis. Mais quel est le pourcentage ? Combien quittent chaque année ? Rien qu'en France ? Des enfants naissent dans ces situations et souffrent à des degrés divers. Certains ont témoigné par le passé. Ils grandissent suivant les cas dans le secret, les sourires gênés, l'indifférence ou la moquerie, l'ironie voire la satire… Je sais bien qu'un journal ou qu'un magazine catholique qui risque le sujet est mal vu, y compris par une partie de son lectorat. Car les catholiques eux-mêmes sont appelés à suivre les principes et la doctrine de l'Eglise. Pas simple dans ces conditions de penser par soi-même, « à ses propres frais », dirais-tu ! Risqué dans un monde où tant cherchent des valeurs refuges… Alors si en plus on doit mettre en question les valeurs sur lesquelles on s'appuie (on s'appuyait)…, l'affaire se corse !

Je retiens de cette réflexion de ce jour que je dois reprendre mes notes en expurgeant (tiens, moi aussi ?!) tout ce qui irait dans le sens d'un amalgame amour, idées par respect pour X qui a le droit de penser ce qu'il veut.

D'ailleurs, autant pousser la chansonnette un petit

peu plus loin. Combien de femmes dans l'Eglise sont satisfaites du statut qu'on leur propose ? Je souhaiterais vivement une enquête de l'INSEE sur le sujet ! Car enfin, que nous offre-t-on ? Pas grand-chose ! Etre mère, religieuse, célibataire, vierge consacrée... J'en oublie ? Epouse bien sûr ! Obéissante, peut-être ?! Mais diaconesses, prêtres, évêques, Pape ? Non bien sûr ! Pourquoi ? <u>Pas</u> parce que le Christ l'a demandé ! Au contraire, pour l'époque, les femmes avaient beaucoup de place autour de Lui (il y aurait de quoi disserter mais d'autres l'ont fait ou le feront mieux que moi...) mais parce que l'Eglise a calqué son fonctionnement sur celui du monde temporel de l'époque où elle s'est consolidée d'où fonctionnement monarchique, exit les femmes, aucune ou peu de place pour le débat d'idées... Ensuite, au lieu d'évoluer, elle s'est fossilisée. Et nous en sommes toujours au même point. Ce n'est pas hélas Joseph Ratzinger, tout intelligent qu'il est, qui semble bien parti pour faire se réduire les encroûtements (euphémisme) !!! Et pourtant, comme toi, mon Amour, je reconnais en lui un homme d'une grande intelligence, mais trop âgé sans doute pour avoir la force de s'opposer aux sacro-saintes traditions. Il est comme l'ours qu'il s'est choisi comme insigne ; la bête de somme de l'Institution.

Avec son grand principe d'obéissance, l'Eglise s'est vraiment privée peu à peu de bien des réflexions qui souhaitaient aller dans le sens d'un renouvellement, à commencer par le rejet de Luther qui pourtant aurait pu tant apporter ! Comment ne pas souffrir devant un si piètre spectacle, avec toutes les souffrances infligées depuis des siècles et sur tous les continents ?

Parfois, je me demande si l'Eglise Catholique annonce encore vraiment le Christ de l'Evangile ou si elle n'en réduit pas le portrait sensiblement, se l'accaparant, ou plutôt tentant de le faire, ce qui expliquerait bien pourquoi certains de nos frères protestants se développent, eux, par contraste, à une vitesse fulgurante, au risque d'inquiéter la hiérarchie catholique, comme en Amérique Latine ! Peut-être est-ce tout simplement que ces Eglises annoncent un Jésus « plus vrai que celui de l'Eglise catholique », plus proche de la Réalité, de la figure de Jésus. J'ai eu cette intuition en lisant *Jésus l'ami déroutant* de Francis Deniau, DDB, 2002 que j'ai beaucoup apprécié (et pas seulement parce que nous avons un point commun : celui d'être des admirateurs de Georges Brassens, qu'il convoque par des incises de la célèbre ritournelle : « Les bonnes gens n'aiment pas que l'on suive une autre route qu'eux. » !)

Serait-ce faire preuve de mauvais esprit que de remarquer insidieusement que son livre ne contient pas de nihil obstat ? Oui, sûrement car à vérifier avec d'autres ouvrages du même type, je constate le même cas. Suis-je en train de devenir frondeuse moi qui proclame vouloir du bien à l'Eglise ? Oui, les deux, mon Capitaine. Frondeuse et aimant l'Eglise ! Qui aime bien châtie bien !

Pour prendre un 2ème exemple, citons les courants charismatiques qui sont mal perçus par la hiérarchie. Pourquoi ? Source de danger ? Le Saint Esprit souffle où Il veut. Serait-il embêtant de le laisser souffler et même de le laisser invoquer ? Pour garder le pouvoir sur les consciences et les esprits ? Et puis, si le Saint Esprit se passe d'intermédiaire, où va l'Eglise ? Ce serait la chienlit ! Chômage en perspective ? Ce ne sont pas les primes de licenciements qui vont creuser un trou dans le trésor (conséquent) de l'Eglise !! Vu le salaire de ses ministres, même à un haut niveau, les économies réalisées sont de taille ! Tiens, c'est peut-être là la vraie raison du « dogme » du célibat des prêtres ! S'ils avaient une femme et des enfants, il faudrait leur fournir un salaire décent... Comment font nos autres frères chrétiens ? Certes, ils ne roulent pas sur l'or mais ils vivent... J'en connais et très épanouis.

Encore une fois, l'Eglise catholique se nuit en se méfiant de la nouveauté, comme elle se méfie de la critique, envoyant bien loin du Vatican tous les théologiens un peu trop libres penseurs... Le gâchis en permanence !

On pourrait, en lisant Régine du Charlat dans *Comme des vivants revenus de la mort,* Bayard, 2002, et en particulier son chapitre consacré à l'Eglise, se dire que finalement c'est normal, l'Eglise étant constituée d'humains. Ainsi p. 124-125, je note «Cela ne signifie pas qu'il faille tout admettre et qu'il n'y ait pas de place pour un discernement à l'intérieur même de l'Eglise. Son écoute de l'Evangile se fait au risque de l'humain et en garde toute la fragilité. Elle n'est donc pas à l'abri de l'ambiguïté et de l'erreur. Les recherches mais aussi les divergences et les conflits qui la traversent deviennent des lieux de mise à l'épreuve et de souffrance qui peuvent être aussi des lieux importants de profonde expérience spirituelle. [...] il ne faut pas s'étonner qu'elle soit elle aussi, en tant que telle, lieu où se joue le mystère de mort et de Résurrection du Christ. »

Je trouve ces propos, bien qu'ayant beaucoup aimé le livre par ailleurs, je tiens à le souligner, un peu trop conciliants, ventre mou. A force de dire, « pauvre Eglise, il faut lui pardonner », est-ce qu'on ne lui nuit pas plus qu'autre chose, comme à un enfant à qui on passe toutes ses bêtises ?

Et puis si toutes ces souffrances infligées par l'Eglise nous permettent de faire de grandes expériences spirituelles, alors merci le Vatican d'avoir fait le nécessaire pour briser mon couple ! Je suis à la porte du Paradis !

Je sais, je deviens virulente et manie la caricature, mais quand même ! Attention, danger ! On ne peut pas passer aussi légèrement sur la quantité de souffrances infligées et d'erreurs proclamées au nom du Christ ! C'est grave et Jean Paul II a eu bien raison de présenter des excuses au nom de l'Eglise sur plusieurs sujets. Assez d'arrogance plein la bouche ! Assez !

27 avril 2008

Dans un article du Monde du jeudi 24/04/08, une opposante au régime chinois décrit la vie de certains tibétains comme une vie de schizophrènes : apparemment fidèles au régime chinois – en public, et opposant en privé.

Comment mieux faire comprendre ce que tu as au vécu ? Toi aussi tu vivais écartelé entre tes positions publiques – fidèle en tous points à l'Eglise – et tes choix de vie privée : « marié », une femme et des enfants.

En anglais, je serais tentée de poser la question suivante mais on me corrigera si nécessaire : « How far a door can be pushed open ? » La réponse vient étonnamment plutôt en termes de mesures de durée : 17 ans.

4 ans seulement après l'interception d'un mail, sulfureux pour un prêtre catholique, mais volant haut pour un « simple » amoureux !

On pourrait le formuler autrement : Combien de temps mettent les inspecteurs du Saint-Office – « des bœufs carottes version vaticane » (*Le Monde* du même jour, page 21, concernant Padre Pio), pour égorger un amour ? Pour pousser les amoureux les plus fous à la rupture, à force de harcèlement ?

Si j'avais le génie de Sophie Calle – décidément la lecture du *Monde* m'inspire ; c'est en p.25, je lancerais un appel à la solidarité féminine pour qu'une belle flopée de femmes invente, chacune à leur façon, un message de soutien aux épouses et aux enfants de prêtres et qu'elles l'adressent au Saint-Siège, avec une copie à mon éditeur (pas trouvé !) et l'autorisation que je compile et fasse publier sans contrepartie leur prose. Quand même ! Je tends la perche ! Qui veut la saisir ? Artistes ou pas, allez-y !

S'il y avait un bénéfice, il irait à une association de défense des Droits de l'Homme, pas à l'Eglise...

Certes, vous me direz qu'en ces jours de crise alimentaire, bien d'autres malheurs frappent la Terre et qu'il serait moins inconvenant de « transcender » ou « sublimer » cet amour – *Le* sésame des défenseurs du célibat des prêtres ! Mais pourquoi faudrait-il transcender quelque chose de si beau ?? Donnons la définition du Petit Robert : « Dépasser en étant supérieur ou d'un autre ordre, se situer au-delà de... »

Ou alors, d'accord, mais seulement et seulement si tous les couples sont concernés : l'amour humain constitue un trésor tellement merveilleux qu'il faut le reconnaître comme tel, comme un don de Dieu et donc se tourner vers la Source de tout amour pour Lui rendre grâce, Le louer, le chanter ! Alléluia ! L'amour est une merveille ! Réjouissez-vous, mes frères ! Chantez et dansez avec moi car Dieu est grand. Il a donné à l'homme de pouvoir aimer comme Lui et nos cœurs se réjouissent d'un tel mystère !

23 mai 2008

Mon Amour,

Si tu savais l'étonnant vécu de ce jour, qui me ramène encore une fois vers toi. Inlassablement. Ce fut d'une fugace intensité. Le banal pourtant au rendez-vous. Sortant du métro, fatiguée de ma journée, « tirant sur la corde », n'ayant pas remarqué de présences autour de moi, deux corps à quelques centimètres de moi, se sont enlacés, sans un mot – je ne les avais pas remarqués. Arrêt sur image. A ce moment-là, j'ai été envahie par un sentiment étrange, me sentant moi-même comme enlacée par toi. J'ai failli chanceler… Et puis je suis revenue à la triste réalité : non, ce n'était plus pour moi. Personne ne se penchait plus pour m'enlacer. Ces silences qui parlent tant, ces instants qui nourrissent pour plusieurs mois, c'était fini. Il ne me fallait plus y compter. Pour me nourrir, que me reste-t-il ? L'eucharistie, l'adoration du Saint Sacrement et la prière de louange. Tout un autre registre où le sensible n'est plus guère convoqué, où seule la foi, épurée au feu de la douleur, a droit de cité.

25 mai 2008

Cette nuit, j'ai rêvé de ma mère me mettant en garde. Il ne faudrait pas que mon livre fasse du mal à l'Eglise, me confiait-elle…

Dans *Le temps des discernements* du Père François-Régis Wilhélem, éditions des Béatitudes, je lis une citation d'un certain A. Gromolard : « Un des chemins pouvant conduire à la seconde conversion est celui d'un engagement sincère et exigeant qui « vous mène à un tel dépouillement et écartèlement que vous êtes obligés de tout lâcher pour recevoir d'un Autre et dans la nuit un salut qui vous échappe. »
Tu comprends pourquoi ça me parle !
Ah oui ! En me relisant, le 23 mai, je constate que j'ai omis de citer le « repos dans l'Esprit » comme source de force. Pourtant, comme Dieu m'y a réconfortée plusieurs fois ! Heureusement ! Sinon j'allais mourir, intérieurement je veux dire ! Quelle grande expérience de se sentir aimée en dépit de tout ; de pouvoir s'abandonner, de revenir à la Source. « Sur des prés d'herbe fraîche, Tu me fais reposer » pour citer un psaume…
Du même, p.79 : « il y a purification spirituelle quand Dieu choisit de devenir dans ma vie « L'Unique ». Or, il a choisi cela pour chacun de nous, marié ou célibataire. Dieu veut être tout en tous. »

P.81 : « C'est tout entier que Celui qui t'a fait t'exige. » Sermon 34, St Augustin.

Je note en résumé : le don de soi, une disposition pour attirer et accueillir une grande effusion de la grâce divine et ainsi entrer dans la vie proprement mystique.

Waouh !

Pourtant, St Augustin, tout grand saint qu'il est (et que tu aimes tant !), moi je n'arrive même pas à le lire. Savoir qu'il a laissé femme et enfant me meurtrit, et pour cause !

28 mai 2008

Une amie bretonne m'a envoyé un article de Ouest France : « Mgr Martini loin de Benoît XVI », à propos de la publication de ses *Conversations nocturnes à Jérusalem*. Je cite : « Mgr Martini confie avoir été en conflit avec Dieu, fait l'éloge de Luther [Tiens, lui aussi !], invite l'Eglise à ne pas s'éloigner du Concile et à avoir le courage de se réformer. De quoi agiter les bords du Tibre.

Le célibat des prêtres ? Tous n'ont pas ce charisme qui exige une « vraie vocation » et l'Eglise « doit discuter » de l'ordination d'hommes mariés. Le sacerdoce des femmes ? Pas davantage tabou pour son éminence qui confie avoir même encouragé le chef de l'Eglise anglicane dans son choix. […] »

Voilà qui fait du bien. On se sent moins seule soudain… J'aimerais bien le rencontrer…

10 juin 2008

Dans ma prière, j'ai reçu l'image que Jésus me faisait avancer au large avec Lui, en sécurité. Nous étions en pleine mer. Aucune côte en vue. Que de l'eau à perte de vue. Jésus me tient par la main et nous avançons ensemble, avec la tête seule hors de l'eau.

Oui, « Car ta bonté vaut mieux que la vie.
Mes lèvres célèbrent tes louanges,
J'élèverai mes mains en ton nom… »

Jésus libère ma mémoire, mon affectivité de l'esclavage de la blessure. Jésus est plus important que ma blessure.

14 juin 2008

Je ne sais pourquoi, depuis un moment, je ressens très fort la blessure des divorcés et divorcés – remariés… Pourquoi absolutiser le mariage au point qu'ils n'aient plus accès au Corps du Christ ? Voilà à mon sens une prise de pouvoir bien excessive de l'Eglise qui s'arroge des droits et impose des contraintes insupportables aux autres. Ça ne vous rappelle pas des paroles de Jésus ??

Quelle souffrance pour des croyants d'être privés de la Vraie Nourriture ! Comment peut-on se permettre d'y interdire l'accès à quelqu'un ? Jésus se donne et on se permet de dire à nos frères : « Ah non ! Désolé mais toi, tu ne remplis pas les conditions ! » ??

Que le sacrement du mariage ne leur soit pas accordé n'est pas ce qui me choque le plus (J'espère ne blesser personne à travers cette prise de position) car l'essentiel repose sur la décision prise en conscience et en commun devant Dieu (comme pour nous deux). L'eucharistie me semble une nourriture autrement plus riche que le sacrement du mariage que je vois plus comme un signe qu'une force…, et une attestation aux yeux de la communauté, au risque de me faire huer ! Ou étiquetée « Protestante » ! Il est vrai que si nos amis Protestants avaient le même sens de l'eucharistie et du Saint Sacrement, je pourrais me sentir bien parmi eux. Mais qu'importe ! Les voies d'accès à Dieu sont multiples et il ne nous appartient pas de juger des chemins de nos frères, d'autant que chaque chemin est unique. Je les assure au passage de toute ma sympathie. Idem pour tous les croyants du monde et également incroyants ! Dieu aime tous les hommes et nous demande de L'imiter.

28 juin 2008

Je viens de lire avec gourmandise *Du bonheur d'être fragile* de Jean-Claude Liaudet, Albin Michel, 2007.

Je le cite dans une interview au magazine Pèlerin (trouvé dans le fond d'une église !) du 27/12/2007 :

« Il me semble que la fragilité consiste à oser prendre le risque d'enlever ses protections pour être atteint par l'autre et par les événements de la vie, voire être mis à terre pour un temps. »

« Notre développement est donc une suite de fragilités dépassées. C'est en traversant des crises qui nous rendent vulnérables que l'on grandit. »

« Montrer ses fragilités ouvre en outre à la tendresse et à l'amour. Parce que nous aimons, parce que notre désir dépend d'un autre, nous sommes vulnérables. »

À nouveau une lecture qui agit comme un baume.

…

Audience de Mgr Baldelli, Nonce Apostolique

Difficile de résumer ! Avant peut-être faudrait-il insister sur le calme de cet homme, déjà âgé, qui allie une grande capacité d'écoute et d'attention à l'autre à la défense de l'orthodoxie catholique. (On pouvait s'y attendre !)

Il s'est dit choqué par le silence de X, son déni de ses responsabilités paternelles et par rapport à moi. Le point fort pour lui étant l'absence de soutien financier, que j'ai essayé de tempérer en expliquant que X m'avait remis de l'argent par le passé et que pour moi l'essentiel n'était pas là. Il a écarté l'idée d'une intervention de son évêque, sachant que professeur à……, X ne dépend plus de ce dernier.

Qu'arrivera-t-il ? À quoi puis-je m'attendre ? « Personne ne pourra le forcer à renoncer au sacerdoce. » mais il faut qu'il assume les responsabilités qu'il a contractées. J'ai eu le sentiment de passer mon temps à défendre X et à nous défendre tous les deux. Non, X ne concélébrait pas quand il venait nous voir… – « Cependant, clame le Nonce en me regardant soudain droit dans les yeux alors qu'avant il regardait fixement devant lui, comme pour mieux réfléchir, vous n'avez sauvegardé que les apparences. C'est comme un cœur qui est pourri. Même si on le cache, ça ne change rien et c'est là le préjudice à l'Eglise. » Le Christ m'aurait-il parlé ainsi ? J'ai beau faire remarquer que nous avons agi en conscience devant Dieu et que personnellement je ne suis pas convaincue par le célibat des prêtres, tout en faisant profil bas et en ajoutant que certes il ne m'appartient pas de juger si l'Eglise a raison ou pas, le Nonce ne peut évidemment pas être convaincu et quand je lui cite les pasteurs anglicans passés au catholicisme avec femme et enfants, il me rétorque presque sèchement que « c'est l'exception qui confirme la règle » et que là n'est pas le sujet mais il trouve la formule (que j'ai oubliée) pour m'y ramener gentiment. Au final, il m'a proposé d'agir lui-même, ce que j'ai bien sûr accepté. Le Nonce conclut en me demandant d'être patiente quelques mois.

Incroyable, je sors de ces 25 minutes d'audience ponctuée de dialogues et de silences (pendant lesquels j'avais le temps de prier le St Esprit d'être là) sans avoir été un seul instant submergée par mon émotion – Merci Seigneur ! – et avec le sentiment d'avoir fait ce qui était en mon pouvoir, ce qui me procure une grande libération intérieure, abandonnant la suite à Dieu, au point d'opter pour l'idée que ce qui en sortira devra être considéré comme la volonté de Dieu, tout en doutant d'être capable de le tenir... Oui, que la volonté de Dieu soit faite en toutes choses.

20 août 2008

Une émission sur France Culture me remue beaucoup. Aux Etats-Unis, les enfants de soldats partis combattre possèdent un « flat Daddy » (un Papa plat) : une sorte de photo grandeur nature qu'ils transportent partout…

Je ne comprends pas vraiment pourquoi cette émission me touche tant mais je sais que la souffrance de nos enfants qui n'ont plus de Papa m'oppresse…

30 août 2008

Héloïse Bis ! Je viens de trouver le titre de mon livre ! Eurêka !

Le Seigneur m'a fait sentir dans la prière que je ne dois pas chercher à rentrer dans un cadre précis (« a frame ») car ma voie ne correspond en rien à quelque chose qui existe déjà (mariage, vie consacrée…).
Quelle est-elle alors ?

13 septembre 2008

La lecture de *Sagesse d'un pauvre* d'Eloi Leclerc, DDB, 1959 me nourrit beaucoup. Il faut dire que St François est notre saint « préféré » à tous les deux !

Voici quelques morceaux choisis :

P. 94 : « La lumière qui rayonnait à présent de son regard avait chassé de son visage toute trace d'ombre, elle ne parvenait pas toutefois à en effacer cette expression de gravité où se lisait la profondeur d'une âme que Dieu lui-même a creusée pour y habiter plus à l'aise. »

P.105 – 106 : « La sainteté […] est d'abord un vide que l'on accepte et que Dieu vient remplir dans la mesure où l'on s'ouvre à sa plénitude. »

Comme ça me plaît !

« Notre néant […], s'il est accepté, devient l'espace libre où Dieu peut encore créer. » Là, c'est écrit pour moi, ma parole !

…

Le Pape est en France et je suis avec curiosité tout d'abord la retransmission télévisée. Ses fruits (?) en moi m'étonnent rétrospectivement ! Voici ce que j'écris ce jour-là :

Mon chemin m'amène à mieux comprendre que je dois pardonner à l'Eglise pour le mal qu'elle m'a fait endurer. Seul ce pardon, que je donne, m'apporte la paix, car avec

St François, j'expérimente combien Dieu est au-delà de toute blessure… Il EST et cela me suffit.

Seigneur, donnez-moi de continuer à vivre dans cette grâce reçue pendant ce week end, à la fois à la lecture de *Sagesse d'un pauvre* et en suivant les homélies du St Père à la télévision.

D'ailleurs, moi qui me sentais loin de cet homme, j'ai été touchée par son regard, infiniment bon et paisible, et en même temps empreint d'une grande expérience de la souffrance. Comme St François, il est descendu au fond de la souffrance humaine – cela se voit dans ses yeux, et Dieu l'en a ressorti. C'est de toute évidence un homme profondément donné à Dieu et à sa mission. Il ne s'appartient plus tel l'ours qu'il porte sur ses insignes. C'est aussi le prisonnier d'un système. On lui dit d'aller à gauche et il y va… Quel étrange spectacle ! J'en souffre pour lui bizarrement en regardant la retransmission… Comment dire ? J'ai beau ne pas être d'accord avec « sa » (?) ligne, je n'en ressens pas moins beaucoup de sympathie pour lui, son regard étant tellement empli de bonté, d'humanité… Se dit-il que, comme le Christ, il faut accepter d'être « comme un agneau qu'on conduit à l'abattoir » ? Au lieu de prendre le taureau par les cornes !

X aussi marche sur cette voie du don total de lui-même… Cela lui fait-il oublier son devoir de père ?

Je rends grâce à Dieu pour son Amour, pour la force qu'Il donne à chacun selon ses besoins, pour que tous nous marchions à la suite de Jésus, sur ce chemin, cet étonnant chemin du Bonheur.

Moi qui ne voulais pas m'engager comme religieuse pour garder ma liberté, je me demande si Dieu ne me conduit pas sur un chemin où seuls ces vœux, vécus autrement, peuvent me permettre de survivre.

- la chasteté ? Passage obligé ?
- l'obéissance : à l'Amour (« Dieu est Amour » 1Jn 4,8)
- la pauvreté car si Dieu me donne ce qu'il nous faut pour vivre sans mendier, la vraie pauvreté pour moi consiste plutôt en l'abandon de mon moi (mes projets, mes désirs, même mes péchés…) et surtout du plus beau de ma vie, mon amour pour X. Même cela, je dois l'abandonner à Dieu et c'est là la plus exigeante des pauvretés. Je pourrais bien avoir tous les millions de la Terre, cette pauvreté-là m'arracherait toujours le cœur. Pas de plus grand don ni de plus grand sacrifice ! Dieu le sait bien, Lui qui me l'a donné, cet amour qui fit mes délices… Pourtant, je connais assez X pour être sûre qu'il prie pour moi, pour nous chaque jour. Sûrement que tous les jours dans le très Saint Sacrifice, c'est nous sa famille, son plus grand amour, qu'il présente à Dieu. Et je suis sûre que cela lui « moud » le cœur à la façon du grain de blé en suivant la métaphore de Ste Bernadette qui disait « Je suis moulue comme un grain de blé. »

Oui, Seigneur, même si nous avons l'impression d'être séparés, je sais que vous, vous pouvez réunir nos deux prières, nos deux offrandes en une seule offrande. Oui, Seigneur, « Voici l'offrande de nos vies. »

Une seule âme en deux cœurs, voilà mon rêve, mon souhait Seigneur ! Cet amour n'est pas qu'humain sinon il serait mort. Non, je ne suis pas qu'une simple romantique ! Non, je ne suis pas folle ! Non, je ne suis pas juste profondément amoureuse ! Je sais et sens que vous avez semé en moi autre chose : une graine de sainteté, non une demi-graine de sainteté dont l'autre moitié avait déjà été semée depuis plusieurs années en mon frère bien-aimé ! Ce frère bien-aimé que j'aime tant et que je pleure si abondamment, même après 3 ans d'absence. Ce frère bien-aimé à qui j'ai pardonné ses limites, moi qui attendais sans doute de lui bien plus qu'il ne pouvait donner, déjà donné qu'il était à l'Amour, à ce Dieu qui me cherchait aussi. Comme je l'aime ce frère chéri qui a eu le courage de s'arracher le cœur pour Dieu ! Comme j'ai dû lui faire mal en lui demandant de choisir entre le mariage et sa vocation, moi qui étais allée jusqu'à lui acheter une belle chemise blanche, sur laquelle était écrit « vocation » en guise de marque et qu'il porta pour son ordination ! Comme je l'aime ce frère béni qui me tira, et me tire encore par la prière, j'en suis persuadée, sur le chemin de Dieu.

Comme j'ai hâte que nous soyons vieux pour nous retrouver au Paradis et chanter enfin ensemble à jamais si Dieu le veut bien, ses merveilles ! Là au moins, il n'y aura plus de larmes, plus de solitude, plus d'écartèlement, de souffrance des enfants, plus de culpabilité pour les avoir mis dans cette situation ; que de la joie, que de la paix sans fin, cette paix de Dieu si douce à nos âmes humaines. Oh Seigneur ! Comme il est long ce pèlerinage terrestre et comme il me tarde d'en voir la fin pour enfin goûter le bonheur de vivre dans vos parvis ! Bénissez mon cher frère et donnez-lui des forces pour le chemin. Qu'il n'oublie pas sa « petite » qui peine à sa suite. Qu'il la tire derrière lui de façon spirituelle, à défaut de pouvoir la prendre par la main. Ecoutez ma prière, Seigneur, celle d'une enfant qui Vous aime mais souffre beaucoup. Certes, Vous avez beaucoup souffert… Ces rejets des hommes, surtout cette incompréhension, ce message d'amour non reçu. Quelle souffrance ce doit être Seigneur ! Est-ce à cette souffrance que vous voulez me faire communier ? À la déchirure d'un amour qui n'entend que son écho ? Dont l'appel ne reçoit pas de réponse de l'aimé ? Pareille à cette humanité qui fait la sourde oreille aux appels de son Dieu. Voulez-vous me faire communier à vos souffrances, Seigneur, pour ce monde qui se détourne de Vous, sans même « prendre connaissance » de votre offre, sans même daigner jeter un regard vers votre main tendue, votre amour qui ne désire que se donner ? Est-ce cela que vous voulez me faire connaître ? Est-ce là le chemin vers lequel vous me menez ? Je cherche tellement désespérément du sens, Seigneur ! Montrez-moi votre visage et je serai sauvée ! Je comprendrai pourquoi j'erre dans cette forêt de symboles où je ne perçois pas grand chose. Seigneur, je vous abandonne tout, jusqu'à cette absence de sens immédiat, cette quête de sens. Recevez mon âme je vous en supplie.

26 septembre 2008

Sur RCF, dans « Café Media », je suis interpellée par les commentaires sur la blogosphère catholique : d'une pauvreté à pleurer sauf quand les gens se cachent derrière des pseudonymes ! Tiens, ce n'est pas banal, ça ! N'est-ce pas révélateur d'un malaise profond que de devoir se cacher pour s'exprimer ?

Il faut respecter la voix de l'Eglise, la hiérarchie, et donc feindre une opinion en public, ce qui n'empêche au fond de soi de penser autrement. De la schizophrénie, je n'y reviens pas. Toutefois, je voudrais insister sur le fait que les gens (dont moi !) s'infantilisent eux-mêmes pour ne pas être mis à l'écart. Sans doute sont-ils bien placés dans l'Eglise ou la société et ne veulent-ils pas perdre leur place, leur réputation... Pourquoi ne pas dresser un parallèle avec *Le Roi des Bons* d'Henriette Bichonnier et Pef, un livre pour enfants que j'apprécie beaucoup ? Tous se travestissent et s'enlaidissent pour ne pas déplaire au roi qui veut être le plus beau. De la même façon, dans l'Eglise, ceux qui veulent s'exprimer se travestissent en prenant un pseudo, de peur d'être mal vus, de perdre leur place... Les raisons peuvent varier. Moi par exemple, je pense à ta sécurité et à celle de tes enfants. S'il n'y avait eu que moi, sans doute aurais-je publié en mon nom...

4/5 octobre 2008

Cette fois-ci, mon abandon devient une nécessité physique. Aidez-moi, mon Dieu, je vous en supplie car je souffre. Mon corps est torturé de désirs physiques. Je ne rêve que de m'unir à X… Voilà une souffrance bien étrange que certes bien des adultes ont dû expérimenter… Comment les saints font-ils ? Leur désir de Vous étaient-ils plus grands ?

Je t'aime tellement mon Soleil si tu savais ! Je voudrais tant te serrer et me cacher contre ta haute stature, et en même temps, je respecte infiniment ta liberté devant Dieu. Je sais bien que tu ne nous veux pas de mal, que tu ne nous abandonnes pas pour une position enviable à… J'ai confiance en toi et je sens bien que toi aussi tu souffres et offres ta vie et ton amour à Dieu. Tu tâches d'être saint de la façon qui te parait la plus juste… Merci Seigneur de m'avoir amenée à le comprendre et à accepter.

Arriverai-je comme Claire à te voir comme « l'ambassadeur du Christ » auprès de moi ? Expression entendue sur France Culture le 25 septembre dans « Les lundis de l'Histoire ». Comme il faut que l'amour de Jésus croisse en moi ! Pourtant je L'aime et cet amour grandit certes…

Je t'aime, mon amour, mon soleil, et te confie à Dieu comme tous les jours. Qu'Il te garde sur le chemin (t'ouvre tout de même aux besoins de tes enfants) et te comble de ses grâces. Amen.

6 octobre 2008

Sans doute faudrait-il à nouveau réfléchir à cette brisure que fut ma Lettre, comme je l'appelle, cette lettre fatidique qui déboucha le 9 mars 2007 sur la réception de ta lettre de rupture.

Cette Lettre, qui m'a tant choquée a posteriori, représente pourtant l'aboutissement d'un processus involontaire, d'une sorte de machine infernale lancée dès le départ, avec la non-reconnaissance de mon statut de femme à tes côtés, à partir du moment où il a fallu nous cacher, être discrets, ne pas nous afficher ensemble, mentir (un peu quand même) à l'entourage... Comment ai-je tenu aussi longtemps ? L'amour et la foi.

Mais cette brisure en moi, bien nécessaire pour en arriver là, quand on sait à quel point je t'ai aimé, constitue-t-elle de mon côté une brisure totale, comme ma lettre semble le laisser penser, ou plutôt l'expression d'un besoin d'exister vraiment, d'être reconnue, et donc une brisure sur le plan symbolique ? Je cessais par cette lettre d'accepter de ne pas être, non, de ne pas exister.

Je revendiquais haut et fort mon existence à part entière, mon statut de femme amoureuse et libre, libre de vouloir cesser d'être continuellement rayée de la carte, au risque de nuire à nos enfants, en oubliant que j'étais aussi mère et que des enfants ont besoin de leur père pour grandir.

Mais, à dire vrai, cette brisure sur le plan symbolique,

ne se doublait pas, au fond de moi, d'un réel désir de rupture totale, d'un besoin d'en finir. Je voulais mettre fin à un certain statut, ou non-statut, revendiquer ma voix officielle au chapitre. Exister tout simplement ! Pourtant, je savais bien en écrivant que mon coup de canif me serait fatal. Etonnant d'avoir une telle conscience des conséquences négatives d'un acte et en même temps de vivre ce besoin irrépressible d'aller jusqu'au bout, jusqu'au point de non-retour, sachant même qu'on en souffrira vraisemblablement pour le restant de ses jours.

26 octobre

Comment tenir dans pareille situation ? Quelle issue ? Quel espoir encore ?

Je le trouve dans *Jésus, l'ami déroutant*, cet ouvrage dont j'ai déjà parlé. Accepter de rentrer dans une relation personnelle avec Dieu. Ne rien vouloir faire mais juste vouloir être. Rien d'autre, au moins pour le moment.

P.98 : « Il est des circonstances de la vie où la vérité est dans l'acceptation de ne pas savoir. »

« Venez à moi, vous tous qui peinez sous le fardeau. Moi je vous procurerai le repos… » dit Jésus.

Je comprends soudain pourquoi une souffrance peut être une chance : elle peut nous donner de lâcher prise et – enfin ! Et même si c'est faute de mieux ! Jésus le sait bien ! – de nous jeter dans ses bras.

Tu vois, plus j'avance sur mon chemin réflexif (ah ah !) et spirituel (surtout j'espère !), plus je me réjouis de ne pas t'avoir fait « quitter ». À vrai dire, ce serait plus honnête d'écrire : plus j'avance et plus je me réjouis que nous ayons réussi à rester sur la voie de ta vocation (à laquelle je crois toujours) car enfin, il n'existe aucune contradiction entre cet appel du Christ à Le suivre et l'amour que tu me portes. D'ailleurs, tu le vivais très bien avant qu'on ne t'embête. En tout, tu vivais unifié et je pense réalisé, sans tension. Hélas l'Église avec tous ses diktats t'a tendu et du coup nous a tendus.

Cruelle tristesse aussi de lire que l'Eglise s'oppose aux contraceptifs ! Pauvres couples ! Sont-ils condamnés à la frustration ou aux grossesses multiples dont tout le monde n'est pas capable. Il n'est pas donné à tous d'être parents d'une famille nombreuse. C'est un charisme, très beau, certes, mais qui demande des dons particuliers, de patience et de résistance physique en particulier, qui ne sont pas le lot commun. Certes, les méthodes dites « naturelles » détiennent des atouts puisqu'elles respectent l'horloge interne. Cependant, M. et Mme Tout le monde n'ont pas forcément le temps de s'y pencher ni suivant les métiers et situations, la capacité de les suivre.

J'ai honte de cette Eglise qui s'approprie Dieu, qui « fait écran » pour reprendre l'expression de Francis Deniau. Elle confisque des biens temporels (pour ne citer qu'un exemple, certaines communautés religieuses possèdent de superbes propriétés au plein cœur de notre capitale, avec des dizaines de chambres vides – crise des vocations oblige – mais refusent de les mettre à la disposition de ceux qui pourraient leur demander un hébergement temporaire, par exemple le temps de chercher un emploi sur Paris), s'arroge des pouvoirs (juger, décréter le bien et le mal, en débordant largement le cadre donné par Jésus... N'est-ce pas l'Eglise qui est en état de péché en jugeant, en se plaçant au-dessus des hommes, au-dessus des consciences ?) et finalement vit en monarchie, imitant les « grands » de ce monde, avec tout de même quelques siècles de retard ! Peut-on espérer que le vent de la démocratie soufflera un jour dans l'Eglise ?? On serait tenté de pasticher notre auteur et Molière avant lui, en décrétant que l'homme n'est pas fait pour l'Eglise institutionnelle mais que l'Eglise institutionnelle est faite pour l'homme !! Pour sa libération intérieure et non pour son asservissement dans des règles, des principes, des observances en tout genre… « Dieu seul est juge ». Et qu'il serait bon de ne pas l'oublier !

…

Venant de suivre une émission sur RCF à propos de « comment le petit garçon devient père », me voilà ramenée à comment je fais exister le père (absent) dans la vie des enfants. Réflexion riche apportée par l'auteur d'un ouvrage dont le titre correspondait peu ou prou au titre de l'émission.

Et moi, que fais-je ? Certes, nous te citons à chaque benedicite mais est-ce suffisant ? Je dis souvent aux enfants que tu les aimes même si tu es loin… Les plus jeunes réclament souvent un câlin de toi et je ne sais quoi répondre, au-delà de la souffrance que je ressens en les entendant parler ainsi. Les plus grands ne parlent pas, jamais de toi, comme si le sujet était à jamais clos mais je crains que la souffrance n'en soit que pire… Et voilà donc pourquoi je quémande de l'Eglise qu'elle te laisse vivre ta paternité, ce qui suppose de te laisser assumer aussi ton rôle auprès de moi, car je découvre qu'une femme est mère aussi par le regard du conjoint, père des enfants, qui devant eux la nomme mère. Cette reconnaissance de la mère par le père donne du poids à la parole de la mère et lui permet de poser une autorité sans perpétuelle confrontation. En cette absence, la parole de la mère ne pèse guère, du moins, son efficacité s'amoindrit. Il faut répéter, gronder, menacer alors qu'une simple parole du père qui rappellerait, une fois de temps en temps, « tu obéis à ta mère ! » éviterait ces désagréments parfois épuisants et renforcerait la confiance en elle de la mère. La reconnaissance du conjoint fait exister, n'y penses-tu pas ?

3 novembre 2008

Je lis toujours *Jésus l'ami déroutant* de Francis Deniau et je m'extasie devant la mise en voix de ce Jésus à laquelle parvient l'auteur. Tout en doigté, tout en finesse, il nous présente rien moins qu'un Jésus révolutionnaire, qui donne un grand coup de pied dans la fourmilière trop cultuelle. Parfois, à force d'entendre l'Evangile, j'en oublierais bien moi aussi sa force libertaire et libératrice. Et là, cet auteur nous ramène à la Source, nous rappelant, avec une formule humoristique, inspirée de Molière bien sûr, que « le sabbat est fait pour l'homme et non l'homme pour le sabbat. » (p.114), de même que le culte est pour la liberté, et non la liberté pour le culte. N'y a-t-il pas matière à penser dans cette Eglise d'aujourd'hui qui s'attache à la Tradition comme à un dogme, qui n'accepte aucune ouverture et revient même en arrière par rapport au Concile Vatican II ? Pire, ce comportement « borné » agit à la façon d'un contre témoignage pour bien des gens, qui n'arrivent pas à regarder au-delà de cette triste vitrine, pour trouver le vrai Jésus.

Comment expliquer ce retour de la soutane et des vieux « ornements » ? Si dans un premier temps, cet accès de conservatisme, voire ce relent réactionnaire, m'a agacée et même énervée, maintenant je me pose de sérieuses questions de fond. Effectivement, comment comprendre que des gens qu'on peut globalement taxés d'intelligents ressortent de vieilles frasques ? L'objectif à n'en pas douter étant bien sûr la fidélité de l'Eglise à la Parole de Jésus Christ et son annonce, seule raison d'exister de l'Eglise.

Raisonnons avec simplicité et humilité.

Est-ce que ces vieux ornements (de la soutane à la liturgie « extraordinaire » – soit la reconnaissance et la réintégration des schismatiques de Mgr Lefèvre à qui certes il était bon de tendre la main – en passant par le col romain systématique, le recul des fillettes dans les servants de messe, j'en passe et des meilleurs) vont aider à mieux annoncer l'Amour de Dieu pour tout homme ?

Oui on peut penser qu'ils vont un peu aider dans les milieux très conservateurs, ultras mais qui, de toutes les façons, auraient cru, avec ou sans oripeaux. À part eux, qui dans ce monde sera touché par plus d'épaisseurs sur le dos et autour du cou des prêtres ? Qui comprendra mieux de quel Amour merveilleux (à en tomber par terre en pleurs !) il est aimé en considérant cette Eglise-là ? Je pose sincèrement la question.

De la beauté dans la liturgie ne nuit pas bien au contraire, mais encore faut-il avoir une certaine culture religieuse pour comprendre le sens des ornements et des gestes, ce dont nos contemporains, éloignés de l'Eglise, manquent… Autre argument, la beauté touche directement la sensibilité et peut donc atteindre le cœur par des chemins détournés… Pour combien cette hypothèse fonctionnera-t-elle ? Il faut déjà mettre les pieds dans une Eglise !

Pourquoi les assemblées des familles, beaucoup plus vives et plus chantantes, plus gaies avec des temps de rencontre vraie entre les gens fonctionnent-elles mieux ? Pourquoi y a-t-il plus de monde à la messe ce jour-là ?

Bref, comment annoncer de façon pertinente l'Evangile de Jésus aujourd'hui ? Tout homme ne cherche-t-il pas l'amour ? Le bonheur ? Alors pourquoi la Parole de Dieu ne fait-elle pas recette, ou si peu en Occident ?

Ne sommes-nous pas au fond d'une dépression, comme à l'époque de François d'Assise, où l'Eglise s'est dénaturée, oubliant son fondement véritable et unique : être au service de Jésus, Fils de Dieu. Ses richesses en tout genre (colossales) n'ont-elles pas lieu de choquer au moment où tant n'ont rien ? Son souci de la Tradition, comme on s'accroche désespérément à un monde qui fuit, ne témoigne-t-il pas d'un manque de confiance patent en l'Esprit Saint « qui fait toute chose nouvelle » ? <u>Comme une angoisse sourde de perdre la Vérité en perdant le passé</u> ? Comme si finalement l'Eglise croyait en la Résurrection mais ne l'expérimentait pas. C'est une différence que j'ai posée pour l'avoir vécue moi-même. Dois-je comprendre qu'un parallèle peut être dressé entre le cheminement spirituel possible des humains et le cheminement de l'Eglise ? Celle-ci n'en serait encore qu'à croire, au moment où l'Esprit Saint demande beaucoup plus : laisser la Résurrection se faire à l'intérieur et de l'intérieur. Ne risque-t-on pas de tomber dans l'attentisme ou n'y sommes-nous pas déjà tombés : quand le fruit sera mûr, il tombera... ? Ou suis-je une activiste moi qui voudrais une Eglise plus vraie, plus proche de l'homme, qui n'ait que l'Amour à la bouche et non la Tradition ? Qui soit capable de s'adapter à tous les styles : des fonctionnements très traditionalistes pour ceux qui rencontrent Dieu par ce biais-là à des réalités tout autres et variées pour ceux à qui l'excès d'épaisseurs donnent des boutons. Or, on constate que le Concile Vatican II passé, l'Eglise s'est remise rapidement à imposer un seul style (traditionnel pour faire court) à tous. Quel manque de psychologie ! Ou faut-il chercher d'autres raisons, puisqu'au final ces choix « politiques » ne concourent pas à l'Annonce de l'Evangile, y nuisent même ? Qu'est-ce donc qui peut expliquer que l'Eglise ne fasse pas les bons choix, se referme sur *un* mode de pensée, rejetant au loin la pluralité, bien que le terme fleurisse… ? Pourquoi « la pensée unique » quand elle ne touche qu'un type de population alors qu'on a vocation à toucher toute l'humanité, avec son foisonnement des diversités ?

J'invite tous ceux qui aiment le Christ et qui voudraient voir son message d'Amour annoncé à tout homme, pour l'avènement du Royaume, à s'y pencher sérieusement, et à m'éclairer au passage ! Ils pourront écrire à l'éditeur et qui sait si des idées ne surgiront pas… On pourrait éditer, l'éventuel bénéfice allant à des associations qui luttent pour que l'homme soit respecté en tant qu'homme, et compiler ainsi des réflexions en toute liberté, le seul but étant d'aider l'Eglise à mieux remplir sa mission. Nous resterions indépendants des rouages de l'Eglise, ce qui ferait la force des contributions, ouvertes à tous, du grand penseur au simple citoyen du monde, comme moi ; sans demander d'étiquettes en aucun genre, l'Esprit soufflant où Il veut. Les principes seraient bien sûr le respect de tout homme, la critique sans les injures, le désir de faire avancer l'Eglise, de mieux annoncer l'Amour de

Dieu pour tout homme, je le répète, seule raison d'être de l'Eglise. Si jamais l'Eglise officielle cherchait à nous nuire, cela indiquerait clairement qu'elle n'est plus dans son rôle et nous alerterait, ce que nous ne manquerions pas de claironner ! Vous me direz que cette idée peut bien être lancée en ligne, voire existe déjà dans la « blogosphère », mais vu les commentaires entendues sur elle, je crois bien fondé de passer par un autre media, le livre restant un outil précieux, ce qui n'empêcherait en rien une mise en ligne des contributions comme le font les revues scientifiques spécialisées… À nouveau, je tends la perche ! Puisse l'Esprit Saint souffler ! Tant d'idées sont étouffées, volontairement ou pas, par le seul fait que la parole n'est pas libre, que pour publier, il faut s'atteler à une lourde tâche, la première étant de voir avec un avocat comment sauvegarder l'anonymat…

Viens Esprit Saint, souffle sur ce monde, sur les esprits qui veulent bien T'écouter, sans présager de ce qu'ils entendront, ne voulant rien d'autre que s'offrir à la puissance de Dieu et collaborer à son œuvre d'AMOUR car « DIEU EST AMOUR. » (1Jn, 4-8).

Alléluia ! Merci Seigneur !

14 novembre 2008

Mon amour,
Parvenu au terme de ce premier parcours, je ne serais pas honnête ni vraie jusqu'au bout sans <u>te demander pardon</u> pour t'avoir présenté comme un mari et père qui abandonnait sa famille au moment où c'est moi qui t'ai sommé de choisir entre ta vocation et nous. Certes pour « sauver ma peau » et celles de nos enfants… Tu as bien compris que j'allais « craquer », finir à l'hôpital et les enfants en foyers…

Quant au lecteur - ma sœur, mon frère – qui m'a suivie jusqu'ici et que je salue (Dieu t'aime, qui que tu sois, souviens-t'en et vis-le, permets que je te le répète encore une fois !), je souhaite lui chanter une petite chanson : « Aime et tu sauras que l'amour fait vivre, Aime et tu vivras car aimer c'est vivre ! ».

Mon ami, encore un point, ne te trompe pas de débat maintenant que tu m'as lue. Mon livre ne concernait pas des hommes qui ne sauraient pas vivre la chasteté ; il traitait d'hommes, prêtres, vraiment amoureux et devenus époux et pères, et de femmes, également profondément amoureuses, devenues, par la force des choses, « épouses de prêtres ». Puisses-tu donc ne plus jamais laisser passer des expressions fausses et ô combien blessantes du type « maîtresses de curé »… Et puis, s'il te plaît, encore une chose, en espérant que je ne t'embête pas : lutte pour la justice sous toutes ses formes. A chaque fois que tu aides un homme, c'est Dieu que tu as aidé. Tous ces êtres que tu croises, parfois sans les voir comme dans le métro, ne sont nuls autres que tes frères, autant de visages de Dieu… alors respecte-les immensément ! Mieux, aime-les et tu trouveras le Bonheur !

Florilège de (quelques) citations… qui m'ont nourrie.
Dieu bénisse leurs auteurs !
Moi, je les remercie du fond du cœur.

Francis Deniau, *L'Ami déroutant*, DDB, 2002, p.125 : « Il [Jésus] avait touché ceux et celles qui n'avaient rien à perdre. Les autres n'étaient pas prêts à abandonner leurs richesses, leurs raisons, même et surtout religieuses, de se valoriser. »

Il ne s'agit pas de lire *sur* Jésus mais de me remettre totalement entre ses mains, de plonger mon absence de sens en Lui, (Comme je comprends mieux la phrase de Ste Thérèse de l'Enfant-Jésus qui déclarait que c'est la confiance et rien que la confiance qui mène à l'Amour !), de livrer *ton* absence au sens qu'Il voudra bien m'en donner, de ne rien attendre d'autre que l'Amour qu'Il me donnera puisque le Père veut se livrer, se donner.

C'est cet Amour qui me fera revivre, que je mendie.
Seigneur, mon âme Vous désire !

Régine du Charlat, *Comme des vivants revenus de la mort*, Bayard, 2002, p.9 : « Pourquoi écrire, si ce n'est dans l'espoir de rejoindre celui ou celle qui attend une parole capable de susciter la sienne ? […] Toujours elle s'adresse à quelqu'un, même inconnu, ce qui est le cas quand il s'agit d'une parole écrite, dont on ne sait si seulement elle sera lue. Il y a plus encore : c'est de nous adresser à un autre, ou qu'un autre s'adresse à nous, qui suscite, petit à petit, notre véritable parole. »

Comme en ces phrases je me reconnais ! Oui j'ai écrit d'abord pour toi, mon amour, parce que je n'avais pas d'autres possibilités et qu'il me fallait absolument pouvoir comme te parler, que ce m'était un besoin, parce que te parler me faisait vivre. Oui en cela j'avoue ma dépendance humaine ; aimer c'est accepter de dépendre d'un autre.

Et puis, peu à peu, je comprends que j'en suis venue à écrire pour un Autre, pour me recevoir d'un Autre, qui pourrait entendre mon cri, l'écouter, le porter et lui donner sens ? Subrepticement, j'en suis passée à une écriture-cri vers Dieu pour qu'Il vienne habiter mon chaos.

De la même, p.56 : « On peut se remettre facilement de différends qui ne sont que des égratignures, mais si l'on est meurtri, tué, dans ce qu'on a de plus cher, de plus essentiel, comment survivre ou ressusciter ? »
Voilà qui résume ma vie d'une façon prodigieuse, extraordinaire !

P.63, lu le 30 novembre 2008, 1er dimanche de l'Avent : « Nous voici au seuil de l'admirable : que la Résurrection puisse non seulement être crue mais qu'elle puisse aussi être expérimentée. »
Incroyable ! Exactement ce que j'ai ressenti lors de mon expérience de repos dans l'Esprit de mercredi dernier ! Tellement prodigieux qu'il parait impossible d'en témoigner avec justesse ! Quand on se sent soi-même dans une telle « voie sans issue » – expression qui a souvent résonné en moi depuis notre rencontre d'il y a 18 ans – et soudain se sentir « revivre », sentir la présence guérissante de Jésus, le Bon Berger, qui vient vous renouveler de l'intérieur,

faire du neuf, ou pour le dire autrement, qui vient vous débarrasser d'un boulet inhumain, vous « transfigure » littéralement, au sens où dans la même enveloppe corporelle vit désormais une nouvelle personne. Et là revient à mes oreilles cette étrange question que m'avait posée une étudiante britannique, fille de pasteurs : 'When were you born again ?' Eh bien, maintenant, après 17 ans je crois, je peux lui répondre : mercredi dernier ! Comique ! Vraiment Dieu ne vit pas le temps comme nous !! Oui, là je parle pour les connaisseurs (mais vous autres, vous le deviendrez aussi bientôt, je n'en doute pas !!) : « Mille ans sont comme un jour ». C'est dans un psaume…

Dit autrement : Thierry Magnin, *Devenir soi*, Presses de la Renaissance, 2004, p.219 : « On dit même parfois que ces passages [qui font grandir] nous ont révélés à nous-mêmes, voire aux autres. Ces passages peuvent intervenir à travers des expériences heureuses ou difficiles. Ainsi en est-il d'une relation forte qui nous fait exister au meilleur de nous-même ou d'une épreuve qui, bien que difficile, voire révoltante, révèle et conforte une certaine solidité personnelle et un sens de la solidarité bien plus fort qu'on ne l'imaginait. Dans chaque cas, il y a comme un « avant » et un « après », même si la vie quotidienne nous en fait parfois perdre partiellement la mémoire. » (souligné par moi-même)

Régine du Charlat, *Comme des vivants revenus de la mort*, Bayard, 2002, p.68 : « La vie ne serait-elle pas le long, difficile et patient apprentissage de l'amour ? […] Pour cet apprentissage, pas de règles fixes. On apprend l'art de vivre et l'art d'aimer en vivant et en aimant. [...] D'avance, nous savons que l'apprentissage de l'amour n'est pas le garant d'une vie harmonieuse, sans accident, sans échec. [...] Parfois, trop souvent peut-être mais inévitablement, il engendrera de véritables drames. [...] Apprendre à aimer va jusqu'au pardon. [...] Nous voici alors engagés dans un nouvel apprentissage de l'amour, le plus ardu, le plus décisif, peut-être le plus inaccessible. Il ne nous appartient pas toujours de le vouloir ni de le pouvoir, tant l'aventure humaine ici peut se révéler complexe et fragile. »

Oui, merci Seigneur ! Vous qui êtes venu pardonner en moi au moment où je souffrais tant ! Comme elle est douce la paix qui suit le pardon donné ! Comme je peux chanter vos louanges maintenant que je n'en veux plus à personne, ni dans l'Eglise ni à toi qui a suivi un autre chemin (même si je te demande toujours de faire le nécessaire pour assumer ton rôle de père, pour le bien de tes enfants, rôle que nul ne peut assumer à ta place et dont ils ont besoin pour grandir équilibrés. Je ne vais pas te faire un discours, tu les fais mieux que moi !). Alléluia ! Merci Seigneur ! Gloire à Toi, Seigneur !

EPILOGUE

Lettre du Nonce Apostolique, Fortunato Baldelli, du 20 janvier 2009, au Père….., ce saint homme qui tâche de m'aider :

Monsieur l'Abbé,
J'ai bien reçu votre lettre du 11 janvier et je vous remercie vivement de vos bons vœux pour la nouvelle année. À mon tour je vous offre ceux que je forme de grand cœur à votre intention et que je confie, dans la prière, au divin Sauveur.
Bien entendu, je n'ai pas oublié la jeune femme dont vous parlez et les problèmes auxquels elle-même et ses enfants doivent faire face. Je suis déjà intervenu deux fois à Rome pour exposer ce problème et tenter d'obtenir un geste de la part du père des enfants.
Comme vous le dites vous-même, une aide financière serait du ressort de la stricte justice […]. Les autres aspects du problème sont plus délicats, car une reprise du contact risquerait de remettre en cause la vie morale de cet homme.
Quoi qu'il en soit, il devra assumer les responsabilisés (sic ?) de son histoire personnelle. Je m'unis à votre prière pour qu'il en soit ainsi et que ses conseillers le lui fassent comprendre.
Veuillez agréer, Monsieur l'Abbé, l'assurance de mes sentiments dévoués dans le Seigneur.

J'aurais envie de crier vengeance et pourtant, le Christ me demande comme Lui, de dire : « Père, pardonne-leur, ils ne savent pas ce qu'ils font ! »

Sauf que moi, j'ai besoin que l'Esprit Saint vienne pardonner en moi !

Non, je ne finirai pas par un esprit revenchard ! Au moment même où le saint prêtre qui m'aide à garder la tête hors de l'eau m'amène à découvrir le vrai sens de la Croix, en particulier en me prêtant le livre du Père Dagens, *Passion d'Eglise*, Editions Parole et Silence, 2009, dans lequel je découvre émerveillée quelques citations du Père de Lubac (que tu aimes bien, mon Soleil !), comme celle-ci :

Pp 82-83 : « La croix du Christ doit aussi être comprise, dans l'Esprit Saint, comme l'acte de naissance d'un univers réconcilié. [...] L'heure de la mort est l'heure du pardon : « Père, pardonne-leur, ils ne savent pas ce qu'ils font. » (Luc, 23, 24) Au plein cœur de la violence qui va détruire le Juste souffrant sont posés les fondements d'un monde sans violence et sans mort. »

Un jour j'écrivais : Ne pas juger. Ne pas porter de jugements. Pardonner et demander à Dieu sa Force. Voilà ce qui doit constituer notre respiration.

Ou encore : Vivre sous la grâce ou ne pas vivre.

Donc, aucune réponse directe du Nonce ni aucun effet ressenti : X ne s'est pas manifesté, ce qui, certes, ne signifie pas que le Nonce n'ait pas essayé d'agir. Mais pourquoi ne *m*'a-t-il pas répondu ? Pourquoi a-t-il fallu deux lettres insistantes du Père… pour qu'*il* obtienne cette lettre si décevante, avec cette phrase qui m'a fait bondir « une reprise de contact risquerait de remettre en cause la vie morale de cet homme » ?

Est-ce que s'occuper de ses enfants (c'est ce que je demandais, pas de l'argent) remet en cause la vie morale d'un homme ???

N'est-ce pas plutôt l'inverse ??

***Ne pas* s'occuper de ses enfants ne remet-il pas en cause la vie morale d'un homme ?**

Et forcer un homme à abandonner femme et enfants s'il veut rester prêtre, n'est-ce pas une remise en cause de quelque chose ?? Du côté des Droits de l'Homme et des Droits de l'Enfant…

Mesdames et Messieurs les philosophes et théologiens qui me lirez (j'espère !), comme il me serait agréable que vous débattiez sur le sujet que je vous lance ! Certes, il nous concerne au premier chef, mais il pourra en nourrir bien d'autres. Et Mesdames et Messieurs les juristes, dites-nous-en plus sur les prises de position très étranges, à mon sens, de ces gens du Vatican…

N'a-t-on pas eu assez de ceux qui enregistrèrent nos conversations et te les firent écouter (n'était-ce pas une sorte de harcèlement moral ?), de ceux qui interceptèrent nos mails et s'empressèrent de les transmettre à tes supérieurs (dans un, tu écrivais : « Tu es mon amour, tu es ma vie. Chaque jour qui passe me porte vers toi. Si j'avais les moyens, je partirais aujourd'hui même. […] Crois-moi. Ne te laisse pas emportée par la tristesse et la mélancolie, tu ne le mérites pas, car ton amour et l'amour qui t'est offert sont purs, et celles et ceux-là que tu croient heureux (ses) t'envieraient s'ils arrivaient à percevoir la splendeur de ton trésor. [...] »). En me remémorant ces phrases lues et relues – et que je trouve bien écrites–, un mot en particulier sonne très juste. C'est « purs ». Oui, vraiment et encore aujourd'hui, je peux reprendre ce terme à mon compte, oui, notre amour est pur. Peut-être auras-tu envie de corriger en « fut pur » mais je te rétorquerais que je ne te crois pas du tout. Je suis sûre qu'au fond de toi, tu m'aimes plus que jamais et que tu luttes comme un fou contre toi-même. Rappelle-toi la chemise de nuit offerte pour une Saint Valentin, jadis, avant la naissance des enfants : « Flowers may fade but true love never. »

Conclusion, soit tu avais menti à ce moment-là en m'offrant ce cadeau, soit tu m'aimes. Et comme je sais bien que tu n'as rien d'un menteur, eh bien, tu m'aimes !! Certains riront de mes syllogismes – et je les comprends ! – mais que m'importe ! L'amour a ses arguments qui ne parlent qu'au cœur de l'aimé(e)…

Des prêtres de la paroisse qui nous ont espionnés… jusqu'à venir t'attendre eux aussi à la gare !

De ceux qui faisaient courir le bruit parmi tes étudiants que tu étais « un faux prêtre », ce qui te blessait beaucoup.

Et plus récemment et ce n'en est que plus dur, de ceux de ta famille qui n'ont pas bronché une fois que je les ai prévenus.

D'un des tes amis et collègues que j'ai supplié de nous aider et qui n'a pas daigné répondre.

Alors, Mon Dieu, je peux juste prier :

« Mon Dieu,
Je vous demande de bénir tous ces Etres, connus ou inconnus, qui, par leurs paroles ou leurs actions, nous ont nui.
Je vous demande tout particulièrement de leur donner de vivre l'amour vrai, le feu de l'Amour,
Celui qui bouleverse toute une vie, rend léger comme un papillon et heureux comme en Paradis,
Cette Merveille que nous avons eu le bonheur de vivre dans la Joie et que nous partageons maintenant,
J'en suis sûre, dans la douleur,
Celui-là même qui leur a vraisemblablement tant manqué,
Ce qui explique peut-être leurs comportements passés.

Puissent-ils devenir des Allumeurs de Feu,
Des semeurs d'Amour,
Des « Tistous les pouces de Feu »
Au contact de la Parole du Christ :
C'est le Feu que je suis venu apporter sur la Terre...
Amen. »

Voilà ma vengeance ! Elle est terrible, n'est-ce pas ?! Et je demande à la partager car je ne veux rien d'autre que de brûler d'Amour !

Et je vous invite tous, chers amis lecteurs - si vous permettez la familiarité - à rentrer aussi dans ce grand mouvement d'Amour auquel le Christ nous appelle.

Soyons tous semeurs d'Amour partout où nous passons, chacun où nous le pouvons, à la manière de la Bienheureuse Teresa de Calcutta qui écrivait ceci :

« Apportons la paix dans le monde par l'amour, la compassion et le respect de la vie qui est le plus beau don de Dieu. Aimons chacun : l'enfant à naître, le jeune, la personne âgée, le malade et le pauvre, avec le même amour que Dieu a pour chacun d'entre nous, un amour tendre et personnel. »

Préparons-nous à terminer notre cheminement avec une citation trouvée p.15 dans *Joie de croire, Joie de vivre, Conférences sur les points majeurs de la foi chrétienne* de François Varillon, Le Centurion, 1981 et qui pourra en quelque sorte justifier ma démarche :

« Celui qui, dans l'état actuel de ses certitudes, a vraiment mis toute son honnêteté dans la réflexion religieuse et qui ne voit décidément pas le moyen de croire, non seulement nous n'avons pas à lui jeter la pierre mais nous avons à dire : il a raison. **Un homme n'a pas le droit d'affirmer ce que l'Eglise affirme s'il ne voit pas qu'en conscience il a le devoir de l'affirmer.** »

C'est moi qui souligne.

En effet, je ne vois pas qu'en conscience -vous l'avez bien compris- j'ai le devoir d'affirmer que le célibat obligatoire des prêtres soit une bonne et sainte chose pour notre monde actuel ni qu'il aide l'Eglise à proclamer par toute la Terre l'Amour, l'amour de Dieu pour tout homme et pour toute la Création.

Donc je demande l'abolition de l'obligation du célibat des prêtres, avec effet rétro-actif (est-ce bien le

terme ? Tant pis ! Je ne suis pas juriste !) pour tous les prêtres catholiques qui étaient (se considéraient) mariés en conscience devant Dieu.

Je demande également que les femmes aient accès au sacerdoce et qu'on leur donne toute leur place dans l'Eglise.

Permettez que je finisse en citant l'Abbé Pierre dans son *Testament* publié en 1994 chez Bayard. C'est aux pages 23 et 24 dans l'édition pocket :

« Malheureusement, au sein de l'Eglise, la place de la femme est trop souvent celle de la « bonne du curé ». Ce n'est pas normal ! Où est-il dit dans l'Evangile que le sacrement de l'ordre devait être réservé à l'homme ? […] Et l'Eglise, à l'époque, était forcément captive des mœurs de la société de son temps.

Sans être expert, je pense que, théologiquement, il n'y a pas d'arguments contre l'accès des femmes au sacrement de l'ordre, si ce n'est ceux, de convenance, qui reflètent les modes de pensée dans lesquels ont été éduqués nos prélats.

La femme dans l'Eglise est doublement exclue, car elle l'est aussi par la règle du célibat sacerdotal. Or, le célibat des prêtres, chez les catholiques de rite romain, n'a pas été décidé par la hiérarchie. Ce fut, au Moyen Age, l'expression d'un désir populaire, les fidèles souhaitant que leurs prêtres soient choisis parmi les moines.

[…] À cause de cela, je ressens l'Eglise comme mutilée […] ».

Prière finale en ce jour de la fête de N.D. des Douleurs, 15 septembre 2009.

Mon Dieu, Notre Amour,
Je vous en supplie,
Bénissez cet homme que vous m'avez donné de rencontrer devant votre Mère,
Et si telle est Votre Volonté,
Faites-lui sentir la douceur de mon amour
Qui n'a pas fané.
Inspirez, je vous en supplie, les autorités du Vatican pour qu'elles nous donnent de nous retrouver
Avant l'Eternité.
Bénissez-le. Bénissez nos enfants.
Bénissez-nous et tous les hommes de la Terre. Amen.

25 novembre 2009

Cher X,
Toi le Père de mes enfants,
Allant au bout de ma démarche de vérité, je voulais te confier un secret qui, à mon avis, dans le Pur Amour où tu dois vivre, te réjouira.

Tu savais ma souffrance de femme de ne pouvoir continuer à vivre dans l'amour partagé et, du coup, mon cri vers Dieu.

Sache que le Seigneur a eu pitié de moi ; qu'Il me donne de vivre de nouveaux instants de Joie et qu'un chemin s'ouvre dans mon cœur…

Je te souhaite tout le Bonheur possible sur ta route. Qu'elle soit signe de Joie et d'Espérance pour toute personne rencontrée. Je sais que tu y tenais beaucoup. Tu savais bien les transmettre d'ailleurs. Continue !

De mon côté, je rêve de me fondre en Dieu et Il me fait expérimenter des merveilles !

Nous pourrons nous raconter nos parcours au Ciel… J'aurai la joie de te présenter, s'il le veut bien, l'homme que le Très-Haut m'a donné tout récemment de rencontrer – Ma vie s'en trouve transfigurée – et pour qui je te demande aussi de prier. Considère-le s'il te plaît comme un Frère Bien-Aimé. Comprenne qui pourra !

Sens-toi le plus libre et le plus heureux des hommes, puisque tu as choisi l'Amour vrai, celui qui ne fane pas parce que c'est DIEU.

Merci pour le chemin parcouru ensemble. Tu sais combien il a fait ma joie pendant de longues années. De cela seul je veux garder le souvenir, comme le souvenir d'un cadeau du Ciel.

Nos enfants en sont le fruit. Souviens-toi d'eux à la manière que Dieu te montrera. Je nous abandonne totalement à Lui dans la Confiance.

Sois béni, mon Frère Bien-Aimé, en Christ uniquement désormais.

Tu pourras toujours compter sur ma prière et nous contacter en cas de coups durs.

Dieu nous bénisse tous et bénisse mes lecteurs que je remercie.